SSC_A_1405_03. Diseño de estrategias para promover el empoderamiento de las mujeres

Noelia Aranda Maiz

ic editorial

SSC_A_1405_03. Diseño de estrategias para promover el empoderamiento de las mujeres
© Noelia Aranda Maiz

1ª Edición

© IC Editorial, 2026

Editado por: IC Editorial
c/ Cueva de Viera, 2, Local 3
Centro Negocios CADI
29200 Antequera (Málaga)
Teléfono: 952 70 60 04
Fax: 952 84 55 03
Correo electrónico: iceditorial@iceditorial.com
Internet: www.iceditorial.com

ISBN: 979-13-7027-166-4
Depósito Legal: MA 420-2026

Impresión: PODiPrint
Impreso en Andalucía – España

Nota de la editorial: IC Editorial pertenece a Innovación y Cualificación S. L.

Presentación del manual

El **Certificado Profesional,** anteriormente llamado Certificado de Profesionalidad, constituye el Grado C en el Sistema de Formación Profesional, asociado a un perfil profesional. Acredita la capacitación para el desarrollo de una actividad profesional concreta a través de las competencias adquiridas. Tiene carácter parcial y acumulable cuando existan Ciclos Formativos (Grado D) en los que sus módulos profesionales se encuentren contenidos en su totalidad o en parte.

El elemento mínimo acreditable es el **Estándar de Competencia.** La suma de las acreditaciones de los Estándares de Competencia conforma la acreditación del **Módulo Profesional** (Grado B).

Un Estándar de Competencia se define como una agrupación de tareas productivas que realiza el profesional. Los diferentes Estándares de Competencia de un Certificado Profesional conforman la **Competencia General.** Definiendo el conjunto de conocimientos y capacidades que permiten el ejercicio de una actividad profesional determinada.

Cada Estándar o Estándares de Competencia lleva asociado un Módulo Profesional, donde se describe la formación necesaria para adquirir ese Estándar de Competencia, pudiendo dividirse en **Bloques Formativos** (Grado A).

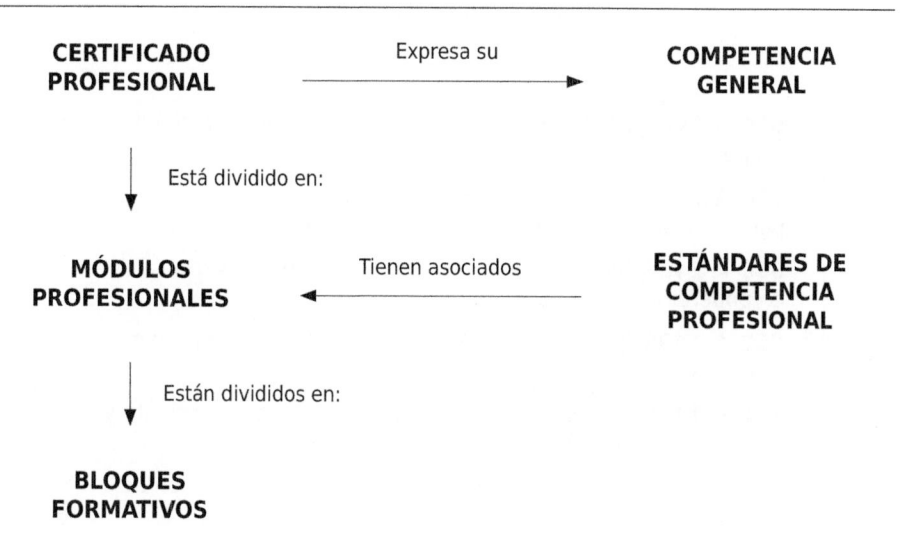

El presente manual desarrolla el Bloque Formativo **SSC_A_1405_03 Diseño de estrategias para promover el empoderamiento de las mujeres**

Perteneciente al Módulo Profesional **SSC_B_ 1405. Participación social de las mujeres,**

Asociado al Estándar/Estándares de Competencia:

⇨ **UC1454_3:** Favorecer la participación de las mujeres y la creación de redes estables que, desde la perspectiva de género, impulsen el cambio de actitudes en la sociedad y el empoderamiento de las mujeres.

del Certificado Profesional **SSC_C_009_5B. Intervención para la promoción de la igualdad de género en el ámbito comunitario y organizacional y la participación social de las mujeres**

SSC_A_1405_03

| **DISEÑO DE ESTRATEGIAS PARA PROMOVER EL EMPODERAMIENTO DE LAS MUJERES** | Tiene asociado el ◀—— | **ESTÁNDARES DE COMPETENCIA** **UC1454_3** |

Compuesto de los siguientes
BLOQUES FORMATIVOS

∨

TÍTULOS —

SSC_A_1405_01. Caracterización de la participación social de las personas

SSC_A_1405_02. Diseño de estrategias para promover la participación social de las mujeres en el ámbito público

SSC_A_1405_03. Diseño de estrategias para promover el empoderamiento de las mujeres

⟨ Contenidos desarrollados en este manual

SSC_A_1405_04. Desarrollo de estrategias de intervención en procesos grupales

SSC_A_1405_05. Desarrollo de procesos de acompañamiento y asesoramiento a mujeres

SSC_A_1405_06. Realización de actividades de evaluación de los proyectos comunitarios

FICHA DE CERTIFICADO PROFESIONAL

SSC_C_009_5B. Intervención para la promoción de la igualdad de género en el ámbito comunitario y organizacional y la participación social de las mujeres
(Real Decreto 208/2025, de 18 de marzo)

COMPETENCIA GENERAL: Programar, desarrollar y evaluar intervenciones relacionadas con la promoción de la igualdad de género y la participación social de las mujeres, aplicando estrategias y técnicas del ámbito de la intervención social y detectando situaciones de riesgo de discriminación por razón de sexo.

Estándares de Competencias Profesionales		Ocupaciones o puestos de trabajo relacionados
UC1020_3	Establecer y mantener relación con los principales agentes comunitarios: población, técnicos y administraciones, dinamizando la relación recíproca entre ellos.	
UC1021_3	Promover la participación ciudadana en los proyectos y recursos comunitarios.	
UC1023_3	Intervenir, apoyar y acompañar en la creación y desarrollo del tejido asociativo.	
UC1025_3	Aplicar procesos y técnicas de mediación en la gestión de conflictos entre agentes comunitarios.	• Promotores/as de igualdad de trato y de oportunidades entre mujeres y hombres.
UC1453_3	Promover y mantener canales de comunicación en el entorno de intervención, incorporando la perspectiva de género.	• Promotores/as para la igualdad efectiva de mujeres y hombres.
UC1582_3	Detectar e informar a organizaciones, empresas, mujeres y agentes del entorno de intervención sobre relaciones laborales y la creación, acceso y permanencia del empleo en condiciones de igualdad efectiva de mujeres y hombres.	• Técnicos/as de apoyo en materia de igualdad efectiva de mujeres y hombres.
UC1583_3	Participar en la detección, análisis, implementación y evaluación de proyectos para la igualdad efectiva de mujeres y hombres.	
UC1454_3	Favorecer la participación de las mujeres y la creación de redes estables que, desde la perspectiva de género, impulsen el cambio de actitudes en la sociedad y el «empoderamiento» de las mujeres.	

Correspondencia con el Catálogo Modular de Formación Profesional

Módulos profesionales	Bloques formativos	Horas
SSC_B_1128. Desarrollo comunitario (100 h)	SSC_A_1128_01. Diseño de proyectos comunitarios	15
	SSC_A_1128_02. Realización de actividades para promover la participación ciudadana en procesos comunitarios	20
	SSC_A_1128_03. Aplicación de recursos y estrategias para promover la comunicación y el intercambio de información entre los agentes comunitarios	15
	SSC_A_1128_04. Apoyo y soporte técnico al tejido asociativo	15
	SSC_A_1128_05. Desarrollo de procesos de mediación comunitaria	20
	SSC_A_1128_06. Realización de actividades de evaluación de los proyectos comunitarios	15

>>>

Correspondencia con el Catálogo Modular de Formación Profesional		
Módulos profesionales	**Bloques formativos**	**Horas**
SSC_B_1401. Información y comunicación con perspectiva de género (250 h)	SSC_A_1401_01. Análisis de los procesos de comunicación desde la perspectiva de género (50 h)	50
	SSC_A_1401_02. Detección de situaciones de discriminación por razón de género en los procesos de comunicación e información	55
	SSC_A_1401_03. Diseño de actuaciones de comunicación e información desde la perspectiva de género	55
	SSC_A_1401_04. Implementación de actuaciones de comunicación e información no sexistas	45
	SSC_A_1401_05. Evaluación de actuaciones de comunicación e información desde la perspectiva de género	45
SSC_B_1403. Promoción del empleo femenino (250 h)	SSC_A_1403_01. Caracterización de la situación de la mujer en materia de empleo	45
	SSC_A_1403_02. Organización de actividades de promoción de igualdad efectiva en materia de empleo	50
	SSC_A_1403_03. Organización de actividades de asesoramiento y prospección de empresas	55
	SSC_A_1403_04. Desarrollo de procesos de orientación e información a las mujeres en materia de empleo	55
	SSC_A_1403_05. Realización de actividades de seguimiento del proceso de promoción del empleo	45
SSC_B_1404. Ámbitos de intervención para la promoción de igualdad (190 h)	SSC_A_1404_01. Caracterización del entorno de intervención desde la perspectiva de género	30
	SSC_A_1404_02. Diseño de estrategias para la igualdad efectiva entre hombres y mujeres	25
	SSC_A_1404_03. Organización de acciones para informar y sensibilizar sobre el trabajo no remunerado de las mujeres en el ámbito doméstico	30
	SSC_A_1404_04. Aplicación de estrategias para informar y sensibilizar sobre las medidas de conciliación en los diferentes ámbitos y contextos de intervención	25
	SSC_A_1404_05. Realización de actividades de control y seguimiento de la intervención en materia de igualdad efectiva	30
SSC_B_1405. Participación social de las mujeres (100 h)	SSC_A_1405_01. Caracterización de la participación social de las personas	15
	SSC_A_1405_02. Diseño de estrategias para promover la participación social de las mujeres en el ámbito público	15
	SSC_A_1405_03. Diseño de estrategias para promover el empoderamiento de las mujeres	**15**
	SSC_A_1405_04. Desarrollo de estrategias de intervención en procesos grupales	15
	SSC_A_1405_05. Desarrollo de procesos de acompañamiento y asesoramiento a mujeres	20
	SSC_A_1405_06. Realización de actividades de evaluación de los proyectos comunitarios	20
1782. Prevención de riesgos laborales		30

Índice

Unidad de aprendizaje 1
**Fundamentos y marcos de acción para
el empoderamiento**

1. Introducción   9
2. Conceptos clave: discriminación y desigualdad
por razones sexo-género   10
3. Creencias, actitudes y comportamientos de igualdad   13
4. Políticas de igualdad efectiva y empoderamiento
de las mujeres   17
5. Marco estratégico y normativa en materia de igualdad   20
6. Planes y estrategias institucionales para la igualdad y
el empoderamiento   24
7. Servicios, estructuras y organizaciones que favorecen
el empoderamiento   27
8. Obstáculos visibles e invisibles para la igualdad   32
9. Resumen   36
    Ejercicios de autoevaluación   39

Unidad de aprendizaje 2
**Estrategias, acciones y sensibilización
para el cambio social**

1. Introducción   45
2. Perspectiva de género en la toma de decisiones   45
3. Estrategias basadas en el *mainstreaming* de género   51
4. Acciones para la ruptura de obstáculos invisibles y
buenas prácticas   55
5. Actuaciones para favorecer el cambio actitudinal y la
corresponsabilidad: procesos sociales de cambio   58
6. Organización de acciones de sensibilización
según sector social   63
7. Estrategias para favorecer la toma de decisiones individuales
y colectivas: evaluación de la participación de las
mujeres en espacios de decisión   68

8. Resumen   72
   Ejercicios de autoevaluación   77

Glosario   81

Bibliografía   85

OBJETIVOS GENERALES

Los objetivos generales de **SSC_A_1405_03. Diseño de estrategias para promover el empoderamiento de las mujeres,** son:

- ⮞ Identificar situaciones de desigualdad en los procesos de toma de decisiones por parte de las mujeres.
- ⮞ Identificar los servicios, estructuras y organizaciones que favorecen el empoderamiento de las mujeres.
- ⮞ Identificar estrategias basadas en el *mainstreaming* de género.
- ⮞ Identificar obstáculos invisibles para la igualdad en diferentes situaciones.
- ⮞ Establecer acciones conducentes a la ruptura de los obstáculos invisibles y el intercambio de buenas prácticas para el empoderamiento de las mujeres.
- ⮞ Determinar actuaciones orientadas a favorecer el cambio de actitudes que faciliten la corresponsabilidad en la toma de decisiones.
- ⮞ Organizar acciones de sensibilización atendiendo a las características del sector social al que van dirigidas.
- ⮞ Valorar la importancia de la participación de las mujeres en los ámbitos de toma de decisiones para identificar situaciones de desigualdad.

Fundamentos y marcos de acción para el empoderamiento

Contenido

1. Introducción
2. Conceptos clave: discriminación y desigualdad por razones sexo-género
3. Creencias, actitudes y comportamientos de igualdad
4. Políticas de igualdad efectiva y empoderamiento de las mujeres
5. Marco estratégico y normativa en materia de igualdad
6. Planes y estrategias institucionales para la igualdad y el empoderamiento
7. Servicios, estructuras y organizaciones que favorecen el empoderamiento
8. Obstáculos visibles e invisibles para la igualdad
9. Resumen

Objetivos

Los objetivos específicos de esta Unidad de Aprendizaje son:

→ Definir los conceptos básicos de discriminación, desigualdad y empoderamiento de las mujeres.

→ Reconocer creencias, actitudes y comportamientos que influyen en la igualdad de género.

→ Analizar las principales políticas, normativas y documentos estratégicos en materia de igualdad.

→ Identificar planes, estrategias, servicios y organizaciones que favorecen el empoderamiento de las mujeres.

→ Detectar y valorar los obstáculos visibles e invisibles que dificultan la igualdad efectiva.

→ Identificar obstáculos invisibles para la igualdad y proponer medidas para superarlos.

→ Identificar servicios, estructuras y organizaciones que favorecen el empoderamiento de las mujeres y analizar cómo se aplican en la práctica.

1. Introducción

La igualdad entre mujeres y hombres constituye un derecho fundamental y un pilar básico de las sociedades democráticas. No obstante, en la actualidad, siguen existiendo y persistiendo desigualdades estructurales, sistémicas e históricas que limitan la participación plena de las mujeres en los distintos ámbitos de la vida, como el social, el político, el económico y el cultural. Estas desigualdades se aprenden a través de los roles y estereotipos de género, expresándose a través de las distintas discriminaciones, lo que genera tanto obstáculos visibles como barreras invisibles para el empoderamiento femenino.

Las políticas de igualdad y los distintos marcos normativos han desarrollado instrumentos para garantizar la igualdad de trato y de oportunidades, promover la corresponsabilidad y prevenir la violencia de género en todos los ámbitos. Asimismo, los planes, estrategias y servicios institucionales desempeñan un papel fundamental en la eliminación de la discriminación y en la promoción del empoderamiento de las mujeres.

Además, es esencial la sensibilización y capacitación de todas las personas, es decir, de la ciudadanía completa, para así conseguir una transformación social y cultural. La acción conjunta de instituciones, empresas, asociaciones y ciudadanía resulta imprescindible para avanzar hacia una igualdad efectiva.

Para conocer cómo se aplican estos marcos y estrategias en la práctica, nos basaremos en el caso de la empresa TecnoRed, una compañía del sector tecnológico que cuenta con más de 300 personas trabajadoras. En TecnoRed se han detectado diversas desigualdades: menor presencia femenina en puestos directivos, dificultades de conciliación, falta de protocolos frente al acoso y brecha salarial. A lo largo de esta unidad, analizaremos cómo la empresa puede diseñar e implementar medidas y estrategias de igualdad.

2. Conceptos clave: discriminación y desigualdad por razones sexo-género

👉 HILO CONDUCTOR

En TecnoRed han empezado a trabajar en su plan de igualdad y, al realizar el diagnóstico inicial, han detectado diferencias notables entre mujeres y hombres: menor presencia femenina en los equipos de desarrollo tecnológico, una brecha salarial en determinadas categorías y una clara división de tareas según el sexo. Esto les ha mostrado como dentro de su empresa existe una discriminación y desigualdad de género, llegando a ser estructural.

La **desigualdad estructural** que sufren las mujeres frente a los hombres es debida a la estructura patriarcal dominante, que encuentra sus raíces en la cultura, la historia y los roles y estereotipos de género, buscando reforzar y reproducir el orden patriarcal, es decir, se busca la domesticación de las mujeres. Esta desigualdad estructural afecta a todas las áreas de la vida, desde la educación hasta la tasa de empleo, teniendo en cuenta, además, que hay mujeres y niñas que sufren distintos ejes de discriminación y opresión.

La igualdad de género es la base para superar la discriminación y promover el empoderamiento de las mujeres.

Esta desigualdad estructural y las distintas formas de discriminación hacia las mujeres y otros colectivos tienen como eje la **socialización diferencial de género.**

2.1. Conceptos básicos en referencia a las desigualdades de género

Cuando hablamos de desigualdades de género, es necesario considerar un amplio conjunto de conceptos para poder comprender su verdadera magnitud. Dichos conceptos son:

- **Igualdad formal:** artículo 14 de la Constitución Española. Es el reconocimiento legal de que todas las personas, independientemente del sexo, somos iguales ante la ley y debemos tener las mismas posibilidades para ejercer nuestros derechos.
- **Equidad:** principio que busca garantizar la justicia, reconociendo las diferencias individuales y sociales para proporcionar a cada persona lo que necesita para alcanzar la igualdad de oportunidades.
- **Prejuicios:** son emociones o juicios (positivos o negativos) hacia un grupo basados en estereotipos.
  No se fundamentan en experiencias reales.
- **Brecha de género:** diferencias en los salarios percibidos por hombres y mujeres en trabajos equivalentes.
- **Sexismo hostil y benévolo:** el primero refleja una discriminación abierta hacia las mujeres; el segundo adopta un tono protector o paternalista, pero perpetúa la idea de inferioridad femenina.
- **Androcentrismo y patriarcado:** el androcentrismo sitúa al hombre como referencia universal. El patriarcado es un sistema social que históricamente ha otorgado el poder y la autoridad a los hombres, subordinando a las mujeres.
- **Segregación ocupacional:** se manifiesta en la desigual distribución de mujeres y hombres en el mercado laboral:

  - **Vertical,** cuando los hombres predominan en puestos de poder.
  - **Horizontal,** cuando las mujeres se concentran en sectores feminizados.

- **Techo de cristal y suelo pegajoso**: el suelo pegajoso dificulta el ascenso de las mujeres por la carga de cuidados y estereotipos; el techo de cristal representa las barreras invisibles que impiden su acceso a cargos de mayor responsabilidad.
- **Interseccionalidad:** se refiere al análisis del modo en que diferentes categorías sociales, como raza, sexo, clase y otras, interactúan en el contexto de un sistema de opresión o desigualdad.

🎥 VÍDEO

El siguiente vídeo es una campaña de la Universidad Pablo de Olavide. En él, se explica en un minuto qué es la transversalidad de género. Accede desde aquí para verlo.

https://redirectoronline.com/1405030101

2.2. Tipologías de discriminaciones

Del mismo modo que resulta esencial visibilizar las desigualdades de género, también es necesario hacer referencia a los distintos tipos de discriminación. El concepto de "discriminación" es complejo y responde a múltiples causas. Según Arce (2020), se deben tener en cuenta dos aspectos fundamentales:

- La mayoría de los rasgos que sustentan los estereotipos no son elegidos, como el sexo, la etnia, la orientación o identidad sexual, la diversidad funcional, la edad o el país de origen.
- Los mecanismos que sostienen la discriminación se apoyan en sentimientos y creencias adquiridos desde la infancia, siendo la socialización diferencial de género un factor determinante en este proceso.

Del mismo modo, es importante diferenciar los principales tipos de discriminación. Esta clasificación nos permite identificar de manera clara cómo se manifiestan las desigualdades en contextos concretos. Las más relevantes en el ámbito de la igualdad de género son:

- **Discriminación directa:** situación en la que una persona o grupo recibe un trato desigual y perjudicial basado en motivos de sexo, raza, color, religión, opinión política, origen social, etc.

- **Discriminación indirecta:** tratamiento diferenciado que se basa en un motivo aparentemente "neutro", pero que al aplicarlo tiene un impacto perjudicial sobre un grupo o colectivo.
- **Discriminación por indiferenciación:** cuando se trata de forma igual a quienes están en situaciones desiguales, impidiendo un acceso equitativo a derechos, bienes o servicios.
- **Discriminación interseccional/múltiple:** afecta a personas que sufren varias formas de discriminación simultáneamente, como por sexo, origen, clase social u orientación sexual.
- **Discriminación estructural:** surge de patrones históricos y culturales de dominación que mantienen desigualdades dentro de las instituciones y sistemas sociales.

3. Creencias, actitudes y comportamientos de igualdad

☞ HILO CONDUCTOR

Las personas encargadas del diagnóstico de igualdad de TecnoRed realizaron entrevistas al personal y detectaron como muchas trabajadoras consideraban que su promoción profesional estaba limitada por estereotipos de género. Del mismo modo, algunos hombres reconocieron que la conciliación y el cuidado seguían percibiéndose como responsabilidades femeninas.

Las creencias, actitudes y comportamientos en torno a la igualdad de género se construyen a lo largo de lo que se denomina el **proceso de socialización de género.** Estos elementos influyen en cómo se perciben y reproducen los roles de mujeres y hombres, así como los estereotipos y la división del trabajo. Es fundamental comprender cómo se transmiten estas creencias para entender por qué hoy en día se sigue perpetuando la desigualdad de género.

La igualdad de género implica cuestionar y transformar los roles y estereotipos tradicionales en todos los ámbitos de la vida.

El proceso de socialización de género incluye a la familia, la escuela, el grupo de iguales, los medios de comunicación y las redes sociales como transmisores de los distintos roles y estereotipos. Además, existe coherencia en el discurso de todos estos **agentes socializadores,** por lo que se refuerzan mutuamente y consolidan patrones de comportamiento y creencias que perpetúan la desigualdad.

3.1. Socialización y construcción de los roles de género

La socialización es un proceso que se inicia en el nacimiento y dura toda la vida, a través del cual las personas **aprenden** e **interiorizan** valores, actitudes, acciones, comportamientos y expectativas de la sociedad donde han nacido.

La socialización diferencial de género implica que niños y niñas son diferentes y, por lo tanto, deben tener roles distintos en la vida. Es un proceso que perpetúa las desigualdades y la división sexual del trabajo. Por tanto, los **agentes socializadores** asocian tradicionalmente la masculinidad con la racionalidad, el poder, la vida social pública y el trabajo remunerado y la feminidad con la dependencia, obediencia, pasividad y aspectos de la vida privada, como el cuidado. La socialización diferencial ha hecho que mujeres y hombres adopten comportamientos distintos y desarrollen sus actividades en ámbitos diferenciados.

A continuación, se presentan algunos conceptos clave para comprender cómo se materializa la socialización de género:

- **Socialización primaria:** agentes de socialización: familia, escuela, medios de comunicación y redes sociales. Empieza en el seno de la familia y sigue en las instituciones educativas y paralelamente en las redes y medios.
- **Socialización secundaria:** con el paso de los años, los agentes socializadores cambian a otros entornos educativos, el entorno laboral, el grupo de iguales, etc.
- **Estereotipos de género:** conjunto de ideas simplificadas y socialmente impuestas sobre cómo deben ser y comportarse mujeres y hombres. Por ejemplo, asociar el color rosa a las niñas o el azul a los niños, o considerar que las mujeres están más capacitadas para las tareas de cuidado.
- **Roles de género:** conjunto de normas y comportamientos esperados según la construcción social de los estereotipos. Tradicionalmente, el rol masculino se vincula al poder y al trabajo fuera del hogar, y el femenino al cuidado y al ámbito doméstico.
- **División sexual del trabajo:** ha asignado históricamente a los hombres las tareas productivas y a las mujeres las reproductivas. De esta separación surgen las llamadas "esferas pública y privada": la pública, asociada a lo laboral, político y económico (masculina); y la privada, vinculada al hogar y los cuidados (femenina).
- **Medios de comunicación y lenguaje:** los medios, la cultura y las redes sociales influyen en la transmisión de estereotipos de género, aunque también pueden ser herramientas de cambio y sensibilización. Del mismo modo, el lenguaje refleja las estructuras sociales: el uso del masculino genérico invisibiliza a las mujeres, mientras que el lenguaje inclusivo favorece una comunicación igualitaria y respetuosa.

3.2. Actitudes y comportamientos hacia la igualdad

Las actitudes y comportamientos hacia la igualdad de género reflejan la forma en que las personas interiorizan y ponen en práctica valores relacionados con la equidad y el respeto. No se trata solo de ideas o creencias, sino de conductas cotidianas que pueden contribuir a mantener la desigualdad o, por el contrario, a transformarla.

Entonces, podemos encontrar actitudes y comportamientos que favorecen la igualdad y otros que perpetúan la desigualdad:

Favorecen la igualdad	Perpetúan la desigualdad
- Corresponsabilidad en cuidados y tareas domésticas - Lenguaje inclusivo, no sexista y respetuoso - Respeto a la diversidad cultural, sexual y de género - Cooperación y equidad en las relaciones	- Aceptación de estereotipos de género - Roles rígidos y discriminatorios - Micromachismos y violencias cotidianas - Rechazo a medidas de igualdad

 SABÍAS QUE...

El concepto de "micromachismos" fue acuñado por Luis Bonino a finales de los años 90. Hacen referencia a los "pequeños" y cotidianos controles, imposiciones y abusos de poder de los hombres sobre las mujeres. No obstante, en la actualidad hay un debate sobre el uso o no de este concepto. Por un lado, el desarrollo de Bonino ha ayudado a visibilizar las violencias cotidianas y habituales. Pero, por otro lado, destacan algunas autoras, al hablar de "micro" y de "pequeño", parece que sean poco importantes y, por ello, muchas personas deciden no promover un cambio y dejar de utilizarlos. Por eso mismo, la propuesta de muchas autoras es la utilización del concepto "violencias cotidianas o violencias habituales".

 ACTIVIDAD COMPLEMENTARIA

1. Busca ejemplos de publicidad, campañas institucionales, noticias o mensajes en redes sociales que reflejen estereotipos de género o roles tradicionales (por ejemplo, mujeres asociadas al cuidado y a la belleza, y hombres vinculados al liderazgo o la fuerza).

4. Políticas de igualdad efectiva y empoderamiento de las mujeres

👉 HILO CONDUCTOR

El diagnóstico inicial de TecnoRed también mostró la necesidad de implementar políticas de igualdad reales en la empresa. TecnoRed contaba con un código ético donde se hacía una breve referencia a la igualdad, pero en la práctica no realizaban ninguna acción o estrategia para la consecución de esta. Es decir, persistían las brechas salariales, la escasa presencia de mujeres en puestos directivos y una ausencia de medidas de conciliación. Estas carencias mostraron la importancia de diseñar políticas que avancen hacia la igualdad efectiva y contribuyan al empoderamiento de las trabajadoras.

Las políticas de igualdad se fundamentan en el principio de garantizar las mismas oportunidades para mujeres y hombres, eliminando cualquier forma de discriminación y promoviendo el empoderamiento de las mujeres en todos los ámbitos de la sociedad. Su objetivo no se limita a la igualdad formal reconocida en las leyes, sino que busca alcanzar la igualdad efectiva, es decir, que los derechos se traduzcan en realidades tangibles en la vida cotidiana. Estas políticas son esenciales para transformar estructuras sociales y culturales, favoreciendo una participación equitativa y equilibrada entre mujeres y hombres.

La igualdad efectiva busca garantizar las mismas oportunidades y condiciones para mujeres y hombres en todos los ámbitos.

4.1. Instrumentos y medidas para la igualdad

Los instrumentos y medidas para la igualdad son herramientas fundamentales para hacer efectivos los principios y objetivos de las políticas de igualdad. A través de ellos se establecen acciones concretas que permiten prevenir, corregir y eliminar las situaciones de discriminación, favoreciendo al mismo tiempo la participación equilibrada de mujeres y hombres en todos los ámbitos de la vida social, económica y laboral.

Dentro de los distintos instrumentos y medidas destacan:

- **Planes de igualdad en las empresas:** conjunto de medidas que buscan garantizar la igualdad de oportunidades entre mujeres y hombres dentro de las empresas, así como eliminar cualquier tipo de discriminación.
- **Medidas de acción positiva:** son acciones específicas y temporales destinadas a corregir situaciones de desigualdad estructural. Podríamos hablar, por ejemplo, de programas de apoyo al empleo femenino en sectores masculinizados.
- **Estrategias de conciliación y corresponsabilidad:** conjunto de medidas que permiten conciliar la vida personal, familiar y laboral, buscando un reparto equilibrado de tareas y responsabilidades entre mujeres y hombres. Algunos ejemplos serían: flexibilidad horaria, permisos de conciliación y servicios de apoyo al cuidado.
- **Programas de sensibilización y formación:** iniciativas educativas y de concienciación que promueven la igualdad y previenen la discriminación y la violencia. Se desarrollan en ámbitos como la escuela, el trabajo o la sociedad en general.

 ACTIVIDAD 1

En TecnoRed, la dirección está diseñando su plan de igualdad y ha propuesto diferentes medidas. Señala cuál de ellas no se ajusta a este enfoque.

a. Implantar un registro retributivo para detectar posibles brechas salariales.
b. Crear un protocolo de prevención y actuación frente al acoso sexual y por razón de sexo.
c. Establecer que las mujeres no trabajen en el turno de noche para "proteger su seguridad".
d. Ofrecer formación en igualdad y corresponsabilidad a toda la plantilla.

4.2. Políticas de empoderamiento de las mujeres

Las distintas políticas de empoderamiento buscan garantizar la participación total y plena de las mujeres en los distintos ámbitos de la sociedad, eliminando las barreras estructurales que han limitado durante siglos sus derechos y oportunidades. Estas políticas buscan, por un lado, corregir las desigualdades históricas y, por otro lado, generar condiciones que favorezcan la autonomía personal, la independencia económica y el liderazgo de las mujeres en los distintos ámbitos de la esfera pública: vida social, política y laboral.

Para ello, las políticas que se llevan a cabo incluyen:

Acceso a la educación y la formación
- Asegurar que las mujeres cuenten con las mismas oportunidades en la educación y la capacitación profesional.
- Con ello, también se busca que las mujeres se incorporen en equidad al mercado laboral y a la vida social.

Participación política y representación
- Impulsar la presencia equilibrada de las mujeres en los espacios de descisión política garantiza que sus necesidades e intereses se vean reflejados en las políticas públicas.
- Además, se fortalece la democracia y justicia social.

Promoción en el empleo y el liderazgo
- Fomentar la igualdad en los puestos de responsabilidad.
- Eliminación de barreras como el techo de cristal, el suelo pegajoso y la segregación ocupacional, vertical y horizontal.
- Fomenta el desarrollo del talento femenino.

Apoyo al emprendimiento y la autonomía económica
- Facilitar el acceso de mujeres a recursos, financiación y programas de emprendimiento.
- Promover la independencia económica, generando nuevas oportunidades de innovación.

El empoderamiento de las mujeres es un motor de transformación social que permite avanzar hacia una sociedad más justa, inclusiva y equitativa.

 **DEFINICIÓN**

Empoderamiento de las mujeres

Desde el feminismo se entiende el empoderamiento de las mujeres como un proceso personal y colectivo mediante el cual las mujeres desarrollan su capacidad de decisión, una mayor autonomía y, además, reconocimiento social. Como plantea Marcela Lagarde, implica "facultarse y autorizarse" en un mundo históricamente desautorizado a las mujeres. En el ámbito individual, hace referencia a la autoestima, la confianza y la autodeterminación; en el ámbito colectivo, en la construcción de identidades compartidas y el orgullo de pertenencia para actuar en nombre de un grupo.

5. Marco estratégico y normativa en materia de igualdad

 HILO CONDUCTOR

Una vez finalizado el diagnóstico y encontradas las distintas necesidades de la empresa, la dirección de TecnoRed reconoció que las medidas de igualdad que tenían eran voluntarias y la mayoría no contaban con respaldo en la normativa vigente. Existía una ausencia de protocolos claros frente al acoso y tampoco habían realizado ningún registro salarial. Esta situación mostró la importancia de conocer y aplicar la normativa básica tanto nacional como internacional.

La normativa y los documentos estratégicos en materia de igualdad constituyen la base legal y política sobre la que se sustentan las acciones para eliminar la discriminación y promover el empoderamiento de las mujeres. Estos marcos normativos, tanto a nivel nacional como internacional, garantizan el reconocimiento de derechos y orientan el diseño de políticas y estrategias que buscan alcanzar una igualdad real y efectiva entre mujeres y hombres.

La normativa y la justicia son pilares fundamentales para garantizar la igualdad de género y proteger frente a la discriminación.

5.1. Normativa básica en materia de igualdad de género

A través de leyes, tratados y estrategias internacionales, se establecen medidas concretas para eliminar la discriminación, prevenir la violencia de género y fomentar el empoderamiento de las mujeres en todos los ámbitos de la sociedad. A continuación vamos a ver las más relevantes.

Normativa nacional

- ⮞ **Constitución Española (1978):** reconoce el derecho a la igualdad y la no discriminación (art. 14) y obliga a los poderes públicos a promover la igualdad real (art. 9.2).
- ⮞ **Ley Orgánica 3/2007, para la igualdad efectiva de mujeres y hombres:** establece medidas en todos los ámbitos (laboral, educativo, social, político) e introduce los planes de igualdad en las empresas.
- ⮞ **Ley Orgánica 1/2004, de medidas de protección integral contra la violencia de género:** norma pionera que aborda la violencia de género desde la prevención, la protección y la asistencia integral a las víctimas.
- ⮞ **Real Decreto Ley 6/2019, de 1 de marzo:** introduce medidas urgentes para garantizar la igualdad de trato y de oportunidades en el empleo, incluyendo la obligatoriedad de los planes de igualdad en empresas de más de 50 personas trabajadoras.
- ⮞ **Real Decreto 901/2020, de 13 de octubre:** regula los planes de igualdad y su registro, estableciendo el procedimiento y la obligatoriedad de su negociación con la representación legal de las personas trabajadoras.
- ⮞ **Real Decreto 902/2020, de 13 de octubre:** establece el principio de igualdad retributiva entre mujeres y hombres, incluyendo el registro salarial, la auditoría retributiva y la valoración de puestos de trabajo.

- **Ley Orgánica 10/2022, de 6 de septiembre:** conocida como "Ley del solo sí es sí", garantiza la libertad sexual y establece medidas de prevención, protección y reparación frente a todas las formas de violencia sexual.
- **Ley 15/2022, de 12 de julio:** norma integral que protege contra cualquier forma de discriminación, directa o indirecta, por motivos de sexo, raza, orientación sexual, discapacidad u otros factores.

Normativa europea

- **Tratado de Ámsterdam (1997):** reconoce la igualdad entre mujeres y hombres como principio esencial de la Unión Europea y transversal a todas sus políticas.
- **Estrategia Europea para la Igualdad de Género 2020-2025:** define objetivos y medidas para reducir brechas de género, aumentar la participación de las mujeres y erradicar la violencia de género.

Normativa internacional

- **Convención sobre la Eliminación de todas las Formas de Discriminación contra la Mujer (CEDAW, 1979):** tratado de Naciones Unidas que obliga a los Estados a garantizar la igualdad legal, política, social y económica.
- **Agenda 2030 y ODS 5:** establece la meta global de lograr la igualdad de género y empoderar a todas las mujeres y niñas, integrando este principio en todas las políticas de desarrollo sostenible.

5.2. Documentos estratégicos

Los documentos estratégicos en materia de igualdad de género complementan la normativa básica y sirven como hoja de ruta para orientar las políticas públicas. A través de planes, estrategias y pactos, se concretan los objetivos, prioridades y medidas necesarias para avanzar hacia la igualdad efectiva y el empoderamiento de las mujeres, tanto a nivel nacional como europeo e internacional.

En la actualidad, los más relevantes son:

Estrategia Española de Igualdad de Género
- Define las prioridades del Estado en materia de igualdad.
- Establece líneas de actuación para reducir las brechas de género.
- Busca promover la participación equilibrada en todos los ámbitos

Plan Estratégico de Igualdad de Oportunidades (PEIO)
- Instrumento de planificación que recoge medidas específicas para garantizar la igualdad entre mujeres y hombres en áreas como educación, empleo, salud y participación social.

Pacto de Estado contra la Violencia de Género
- Acuerdo político y social que busca reforzar la prevención, protección y atención a las víctimas.
- Promueve la coordinación institucional frente a la violencia de género.

Estrategia Europea para la Igualdad de Género 2020-2025
- Establece los objetivos de la Unión Europea para avanzar en igualdad.
- Destaca la igualdad salarial, conciliación, lucha contra la violencia machista y promoción del liderazgo femenino.

Estrategias de Naciones Unidas: Beijing+25 y ODS
- La Declaración y Plataforma de Acción de Beijing (1995) y su seguimiento +25 marcan compromisos globales de igualdad.
- El ODS 5 de la Agenda 2030 reafirma la necesidad de lograr la igualdad de género y empoderar a todas las mujeres y niñas.

 ## PARA SABER MÁS

En el siguiente enlace se ofrece más información sobre el ODS 5, "Igualdad de género", incluyendo metas clave como la eliminación de la discriminación, la erradicación de la violencia de género, la corresponsabilidad en los cuidados, la participación política de las mujeres y el acceso a recursos económicos. Accede desde aquí para conocerlo.

https://redirectoronline.com/1405030102

✎ **ACTIVIDAD 2**

Durante la elaboración de su plan de igualdad, TecnoRed decide incorporar el enfoque de género en todas sus políticas internas. El equipo propone distintas medidas para avanzar hacia la igualdad efectiva.

Selecciona cuál de las siguientes representa correctamente una estrategia de *mainstreaming* de género:

a. Crear un departamento específico para mujeres, sin modificar las políticas generales de la empresa.
b. Incorporar la perspectiva de género en todas las fases del plan: diagnóstico, diseño, implementación y evaluación.
c. Organizar un acto conmemorativo del 8M una vez al año.
d. Contratar exclusivamente a mujeres durante seis meses para "equilibrar" la plantilla.

6. Planes y estrategias institucionales para la igualdad y el empoderamiento

☞ **HILO CONDUCTOR**

En TecnoRed, la falta de un plan de igualdad y del protocolo de acoso sexual y por razón de sexo generó tensiones en la plantilla, especialmente en relación con la promoción profesional y la conciliación. La empresa comprendió que, además de cumplir con la normativa, contar con un plan estructurado era una oportunidad para mejorar el clima laboral, atraer talento y proyectar una imagen corporativa responsable.

Los planes y estrategias institucionales son herramientas clave para trasladar los principios de igualdad y equidad a la práctica cotidiana de las Administraciones públicas, empresas y organizaciones. A través de estos instrumentos se concretan medidas específicas que buscan eliminar desigualdades, garantizar la igualdad de oportunidades y promover el empoderamiento de las mujeres en distintos ámbitos de la vida social, laboral y política.

La inclusión laboral y la equidad de género en el ámbito profesional son esenciales para construir entornos más justos, diversos y productivos.

6.1. Planes de igualdad en las empresas y las Administraciones

Los planes de igualdad son el ejemplo perfecto para mostrar las distintas políticas de igualdad en las empresas. Están pensados como herramientas estratégicas para incluir la igualdad de oportunidades y la equidad de forma transversal en las empresas.

Así, es importante conocer:

- **Marco legal y obligatoriedad:** en el ámbito de las Administraciones públicas, la obligación de elaborar y aplicar planes de igualdad se establece en la Ley Orgánica 3/2007 y en el Estatuto Básico del Empleado Público, como instrumentos para integrar la igualdad de género de forma transversal en la gestión del empleo público.
- **Fases del plan de igualdad:** las fases del plan de igualdad son las siguientes:

  - **Fase 1.** Puesta en marcha del proceso de elaboración del plan de igualdad.
  - **Fase 2.** Realización del diagnóstico.
  - **Fase 3.** Diseño, aprobación y registro del plan de igualdad.
  - **Fase 4.** Implantación y seguimiento del plan de igualdad.
  - **Fase 5.** Evaluación del plan de igualdad.

- **Ejemplos de medidas habituales:** las medidas varían según las necesidades de cada empresa, pero suelen incluir:

  - **Igualdad retributiva**, mediante auditorías y valoración de puestos.
  - **Conciliación y corresponsabilidad**, con horarios flexibles o teletrabajo.

- **Promoción y representación equilibrada**, garantizando la presencia de mujeres en puestos de decisión.
- **Prevención del acoso sexual y por razón de sexo**, a través de protocolos y formación obligatoria.
- **Formación y comunicación inclusiva**, revisando políticas y lenguaje interno.

6.2. Estrategias institucionales a nivel nacional, autonómico y local

Las estrategias institucionales de igualdad son planes de actuación diseñados por las Administraciones públicas en sus distintos niveles para garantizar la igualdad de oportunidades y prevenir la discriminación. Estas estrategias tienen un carácter transversal, lo que significa que deben aplicarse en todos los ámbitos de intervención.

Estas estrategias se pueden encontrar a tres niveles:

Nivel nacional	- El Plan Estratégico de Igualdad de Oportunidades (PEIO) marca las prioridades del Estado en materia de igualdad. - Este plan define los objetivos y medidas concretas en coordinación con los ministerios y el Instituto de las Mujeres.
Nivel autonómico	- Cada comunidad autónoma tiene su propio plan de igualdad, adaptado a sus necesidades. - Los planes de las CC. AA. incluyen acciones de prevención de las violencias machistas, sensibilización en igualdad, fomento de la corresponsabilidad y conciliación, entre otras.
Nivel local	- Los ayuntamientos y diputaciones elaboran sus propios planes municipales de igualdad que permiten aplicar medidas directas en las localidades. - Por ejemplo: programas de conciliación, protocolos de actuación en casos de violencias machistas, protocolos de actuación en casos de acoso sexual en fiestas, etc.

Estas estrategias, coordinadas entre los diferentes niveles de la Administración, refuerzan el principio de corresponsabilidad institucional y garantizan que la igualdad se convierta en un eje transversal de las políticas públicas.

PARA SABER MÁS

El área STEM sigue teniendo una presencia mayoritaria de hombres, por ello desde hace unos años se llevan a cabo campañas y programas para que cada vez más mujeres opten por esta opción profesional. Por ejemplo, la Real Academia de Ingeniería tiene un programa de mentoría, denominada Programa de Mentoring de Excelencia para el Desarrollo del Talento STEM Femenino, donde se ofrece una formación integral en ciencias, ingeniería y tecnología con el objetivo de conseguir una sociedad más igualitaria. Accede al siguiente enlace para conocerlo.

https://redirectoronline.com/1405030103

7. Servicios, estructuras y organizaciones que favorecen el empoderamiento

HILO CONDUCTOR

Durante las entrevistas realizadas a las trabajadoras de TecnoRed, muchas desconocían los recursos externos de apoyo a los que podían acudir en casos de discriminación, acoso o violencia de género. Esta situación evidenció la necesidad de difundir e informar de los distintos recursos, así como de colaborar con los servicios públicos especializados y asociaciones.

El empoderamiento de las mujeres no solo depende de la normativa y las políticas, sino también de los servicios, estructuras e instituciones que ofrecen apoyo directo y recursos especializados. A través de centros de información, programas de atención integral y asociaciones de mujeres, se generan espacios de acompañamiento, formación y participación que resultan esenciales para garantizar la igualdad real y efectiva en la sociedad.

La unión y la representación de las mujeres en la sociedad son fundamentales para alcanzar la igualdad real y el reconocimiento de sus derechos.

7.1. Servicios públicos especializados

En la actualidad existen una gran cantidad de servicios públicos especializados en atención e intervención con mujeres. Los distintos servicios tienen el objetivo de asesorar e informar a las mujeres sobre sus derechos y recursos, así como de desarrollar e impulsar en el ámbito local programas y proyectos que favorezcan la igualdad entre mujeres y hombres. Estos servicios pueden estar gestionados por ayuntamientos, diputaciones, entidades externas, etc.

A continuación, mostramos cuáles son los servicios públicos en materia de igualdad y prevención e intervención en casos de violencia machista más relevantes.

Centros de información de la mujer (CIM)

Los **CIM** son recursos locales de atención integral que **ofrecen información, asesoramiento y apoyo a las mujeres,** especialmente a víctimas de violencia de género. Actúan como **agentes dinamizadores de la igualdad** en el ámbito municipal. El **Instituto de las Mujeres** dispone también de un servicio gratuito de información y asesoramiento, accesible por correo *(inmujer@inmujeres.es)* o teléfono (**900 191 010**).

Servicios de atención integral a víctimas de violencia de género

En la actualidad existen un gran número de recursos de atención a las mujeres víctimas de violencia de género. Destacan:

- **Línea 016:** gratuita, confidencial y accesible. Ofrece atención 24 h todos los días, también por correo (016-online@igualdad.gob.es), chat y *WhatsApp* (600 000 016), en más de 50 idiomas.
- **Atención urgente:** incluye centros de emergencia y pisos de acogida, activados a través del 112 o de los servicios sociales y las fuerzas de seguridad.
- **Atención especializada:** gestionada por comunidades autónomas y ayuntamientos, ofrece información, apoyo psicológico y asesoramiento jurídico (por ejemplo, el SIAD en Cataluña).
- **Oficinas de atención a la víctima (OAV):** prestan asistencia jurídica, psicológica y social a víctimas directas o indirectas, con servicios de acompañamiento durante el proceso judicial.
- **Puntos de encuentro familiar (PEF):** espacios supervisados donde se garantiza la seguridad de menores y mujeres en casos de violencia o conflicto.
- **Turno de oficio especializado:** asistencia jurídica gratuita en materia de violencia de género, disponible a través de los colegios de abogacía.

Programas de orientación laboral y formación para mujeres

Estos programas buscan mejorar la empleabilidad y la autonomía económica de las mujeres, especialmente de aquellas en situación de vulnerabilidad o víctimas de violencia de género. Incluyen asesoramiento personalizado, formación en competencias digitales y profesionales, itinerarios de inserción laboral y acciones para fomentar el empleo femenino en sectores poco feminizados.

Entre los más destacados se encuentra el Programa SARA del Instituto de las Mujeres, que impulsa itinerarios de inserción sociolaboral, y las acciones formativas del SEPE, dirigidas a mujeres desempleadas, con atención especial a las mayores de 45 años y a las residentes en el medio rural.

 **PARA SABER MÁS**

En el siguiente enlace puedes encontrar un mapa de recursos de atención e información a mujeres víctimas de violencia por comunidades autónomas. Accede desde aquí para verlo.

Continúa en página siguiente >>

<< Viene de página anterior

https://redirectoronline.com/1405030104

7.2. Instituciones y estructuras públicas

Las instituciones públicas desempeñan un papel clave en la promoción de la igualdad de género, ya que diseñan, coordinan y aplican políticas específicas en todos los niveles de la Administración. Desde el ámbito estatal hasta el local, estas estructuras garantizan la implementación de medidas y recursos que favorecen el empoderamiento de las mujeres.

Las instituciones tienen distintas funciones dependiendo del nivel en el que se encuentren:

Instituto de las Mujeres (ámbito estatal)
- Organismo de referencia en materia de igualdad a nivel nacional.
- Coordina programas de sensibilización, formación e investigación.
- **Ejemplo:** impulsa el Observatorio de la Imagen de las Mujeres, que analiza la representación femenina en medios y publicidad.

Institutos y consejerías de igualdad en comunidades autónomas
- Adoptan las políticas estatales a su territorio y desarrollan planes autonómicos de igualdad, campañas de sensibilización y servicios de apoyo.
- **Ejemplo:** el Instituto Andaluz de la Mujer ofrece asesoría jurídica y psicológica gratuita a mujeres víctimas de violencia de género.

Concejalías o áreas de igualdad en los ayuntamientos
- La estructura más cercana a la ciudadanía.
- Realizan planes municipales, programas de conciliación y servicios de atención directa.
- **Ejemplo:** algunos ayuntamientos, como por ejemplo el de Zaragoza, cuentan con la Casa de la Mujer, un espacio de formación, recursos y atención a mujeres.

7.3. Organizaciones sociales y asociaciones

Las organizaciones sociales desempeñan un papel fundamental en la promoción de la igualdad y el empoderamiento de las mujeres. A través de asociaciones feministas, entidades de derechos humanos, colectivos profesionales y plataformas ciudadanas, se desarrollan programas de sensibilización, acompañamiento y apoyo a mujeres en distintos contextos. Estas organizaciones ofrecen espacios de participación, formación, asesoramiento jurídico y psicológico, además de impulsar iniciativas para favorecer la inserción laboral, el emprendimiento y la representación social y política de las mujeres.

Algunos ejemplos de organizaciones y asociaciones serían:

- **Federación de Mujeres Progresistas:** asociación de ámbito estatal que trabaja en programas de inserción laboral, atención a víctimas de violencia de género y formación para la igualdad.
- **Fundación Mujeres:** organización dedicada a la promoción de la igualdad de oportunidades, con proyectos de empleo, emprendimiento, formación y prevención de las violencias machistas.
- **Asociación de Mujeres Juristas Themis:** especializada en el asesoramiento y la defensa legal de mujeres, sobre todo en casos de violencia de género y discriminación laboral.
- **Confederación de Mujeres del Mundo Rural:** representa a las asociaciones de mujeres rurales de toda España e impulsa la participación activa de las mujeres en el ámbito agrario y el empoderamiento de estas.
- **Red Estatal de Organizaciones Feministas contra la Violencia de Género:** plataforma que coordina a diversas asociaciones para trabajar en la sensibilización, prevención y atención a víctimas.

 TAREA 1

En TecnoRed, la dirección está trabajando en su plan de igualdad y quiere conocer qué recursos externos pueden apoyar su implementación. Además, se plantea cómo colaborar con asociaciones y otras entidades que refuercen la igualdad en la empresa. Por lo que debes:

- Identificar un plan, estrategia institucional o medida pública que impulse la igualdad.
- Señalar al menos un servicio público especializado en igualdad o atención a mujeres, indicando qué función cumple.

Continúa en página siguiente >>

<< Viene de página anterior

- Citar una organización social o asociación feminista y describir de qué manera puede contribuir al empoderamiento de las trabajadoras.

8. Obstáculos visibles e invisibles para la igualdad

👉 HILO CONDUCTOR

El análisis de la plantilla de TecnoRed también puso de manifiesto los obstáculos visibles e invisibles a los que se enfrentaba la plantilla. En el primer caso, hablamos de la brecha salarial y la escasa presencia de mujeres en los puestos de responsabilidad y, en el segundo caso, se observaron actitudes y comportamientos basados en estereotipos que cuestionaban la capacidad de liderazgo de las trabajadoras.

En las últimas décadas se han logrado importantes avances en materia de igualdad y en prevención de las violencias machistas; no obstante, todavía existen numerosos obstáculos que limitan la participación plena de las mujeres en todos los ámbitos. Algunos de estos obstáculos son visibles, identificables, como la brecha salarial; otros, en cambio, son invisibles, sutiles y arraigados a las costumbres y a la cultura, como, por ejemplo, los estereotipos de género.

La lucha contra la brecha salarial y los estereotipos de género sigue siendo un reto para alcanzar la igualdad plena entre mujeres y hombres.

8.1. Obstáculos visibles

Los obstáculos visibles son aquellos fácilmente identificables y reconocibles en la sociedad. Además, se pueden combatir a través de leyes y medidas concretas.

Por ejemplo, destacan:

- **Brecha salarial:** diferencia promedio en las retribuciones percibidas por mujeres y hombres. No obstante, es importante matizar que no se explica únicamente por la comparación de sueldos iguales, sino que responde a factores estructurales como la segregación ocupacional, la infravaloración de los trabajos feminizados, las interrupciones en la carrera profesional vinculadas a los cuidados o las dificultades de acceso a puestos de responsabilidad. Por lo que, en la práctica, implica que las mujeres, a pesar de tener igual formación, perciben de media menos ingresos a lo largo de su vida laboral, lo que repercute negativamente en su independencia económica y en sus pensiones.
- **Segregación laboral:** distribución desigual de mujeres y hombres en el mercado de trabajo. Puede ser **horizontal** o **vertical.** La segregación horizontal hace referencia a cuando las mujeres se concentran en sectores tradicionalmente feminizados (educación, sanidad, limpieza, etc.), que, además, suelen ser los peor remunerados. Y la segregación vertical se refiere a la mayor presencia de hombres en niveles superiores de la jerarquía empresarial, debido a las barreras que encuentran las mujeres para acceder a estos puestos.
- **Falta de representación femenina en puestos de liderazgo:** en la actualidad sigue existiendo una escasa representación de mujeres en puestos de liderazgo, tanto a nivel nacional como internacional. Según el Informe Mujeres en la Economía Española 2023 del Banco de España, menos del 20 % de los puestos de alta dirección en empresas españolas están ocupados por mujeres. A nivel internacional, el Global Gender Gap Report 2023 del Foro Económico Mundial señala que las mujeres solo representan el 32,2 % de los cargos directivos en el mundo, con grandes diferencias entre regiones.
- **Violencia de género y acoso sexual en el ámbito laboral:** estos fenómenos son graves vulneraciones a los derechos humanos y siguen siendo una lacra en la actualidad. En relación con la violencia de género, en 2024 se registraron 199.094 denuncias por violencia de género en los juzgados españoles y 183.908 mujeres víctimas, cifras que se mantienen estables respecto a 2023. Asimismo, la Macroencuesta de Violencia contra la Mujer 2024, publicada en diciembre de 2025, indica que el 30,3 % de las mujeres de 16 o más años residentes en España ha sufrido al menos un tipo de violencia de la pareja actual o de parejas pasadas en algún momento de su vida.

En el caso del acoso sexual, dicha Macroencuesta indica lo siguiente:

◡ El 36,2 % de las mujeres residentes en España de 16 o más años ha sufrido acoso sexual en algún momento de su vida. De estas, el 18,9 % indican que ha sido en el trabajo.
◡ En concreto, el 10,1 % de las mujeres que han sufrido acoso sexual citan como agresor a un compañero de trabajo.
◡ El 6,4 % a un jefe o supervisor
◡ El 7,2 % a otro hombre del entorno laboral (cliente, paciente, pasajeros, alumnos o estudiantes).

 EJEMPLO

La infrarrepresentación femenina sigue siendo un reto evidente en el ámbito empresarial. Según el informe *Women in Business 2025* de Grant Thornton, el porcentaje de mujeres directivas ha caído hasta el 38,4 %, lo que supone un retroceso respecto a años anteriores. Además, en el Ibex 35, aunque las mujeres representan el 39,2 % de los consejos de administración, solo el 12,1 % de las presidencias están ocupadas por mujeres y apenas el 3 % de las direcciones generales (CEO) corresponden a mujeres.

8.2. Obstáculos invisibles

Los obstáculos invisibles son más sutiles, difíciles de detectar y se encuentran profundamente arraigados en la cultura y la vida cotidiana. Para poder combatirlos, no solo son necesarias leyes y medidas, sino que se debe trabajar para un cambio cultural y educativo profundo.

Entre ellos destacan:

⮑ **Estereotipos de género y roles tradicionales:** aunque pueda parecer que los estereotipos de género han desaparecido siguen muy vigentes. Diversas encuestas de percepción social en España muestran que una parte significativa de la población continúa considerando que los hombres están más capacitados para ocupar puestos de responsabilidad. Además, las titulaciones técnicas siguen estando mayoritariamente masculinizadas, mientras que las vinculadas al cuidado y la educación continúan altamente feminizadas. Esta segregación formativa reproduce la división sexual del trabajo y contribuye al mantenimiento del techo de cristal.

- **Techo de cristal y suelo pegajoso:** las mujeres siguen infrarrepresentadas en puestos de liderazgo, en gran parte por estereotipos de género. El 31 % de las empresas españolas declara que menos del 5 % de sus cargos directivos están ocupados por mujeres y en el Ibex 35 ellas solo representan el 12 % de las presidencias y el 3 % de las direcciones generales (CEO). A nivel global, el porcentaje de mujeres directivas en España se sitúa en el 38,4 %.
- **Carga desigual de tareas de cuidado y domésticas:** la llamada "doble jornada" evidencia la persistencia de la desigualdad en los cuidados. En el primer trimestre de 2024, el 85 % de las excedencias por cuidado de familiares fueron solicitadas por mujeres (INE). Además, las mujeres dedican 2 h 23 min más al día a las tareas domésticas y de cuidado que los hombres. Durante la pandemia, el 70 % de las excedencias laborales por cuidado también correspondió a mujeres.
- **Lenguaje sexista y comunicación no inclusiva:** el lenguaje puede reforzar desigualdades o favorecer la igualdad. El uso del masculino genérico invisibiliza a las mujeres y transmite la idea de que lo masculino es lo universal. Así, los organismos de seguimiento continúan registrando numerosas denuncias por publicidad sexista, reflejo de la persistencia de estereotipos en los medios.

PARA SABER MÁS

En la siguiente guía, elaborada por la Universidad Autónoma de Madrid, se ofrecen recomendaciones prácticas para fomentar un lenguaje no sexista e inclusivo en distintos ámbitos. Se profundiza en cómo el uso del masculino genérico invisibiliza a las mujeres y propone alternativas. Accede desde aquí para conocerla.

https://redirectoronline.com/1405030105

TAREA 2

Laura trabaja como ingeniera en TecnoRed desde hace 5 años. A pesar de tener una excelente formación y experiencia, ha visto cómo en diversas ocasiones se promocionaba a compañeros hombres con menos antigüedad. En las reuniones, sus propuestas suelen ser cuestionadas con mayor frecuencia, mientras que las de sus compañeros reciben más reconocimiento. Además, cuando solicitó teletrabajar dos días a la semana para conciliar el cuidado de sus hijas, su jefe le comentó: "Ese es el problema de contratar a mujeres para puestos técnicos; siempre hay prioridades familiares que interfieren". Esta situación le ha generado frustración y sensación de estancamiento en su carrera profesional.

- ¿Qué obstáculos invisibles están afectando a Laura?
- ¿Qué medidas podría implementar la empresa para evitar este tipo de situaciones? Di al menos dos ejemplos.

9. Resumen

La igualdad de género es un principio fundamental que garantiza el acceso equitativo de mujeres y hombres a los recursos, oportunidades y derechos en todos los ámbitos de la vida social, económica y política. Y el empoderamiento de las mujeres implica fortalecer su participación activa en la toma de decisiones, eliminar las desigualdades estructurales y promover la corresponsabilidad social.

Así, las bases conceptuales de la igualdad se apoyan en la comprensión de los procesos sociales y normativos que reproducen o corrigen las desigualdades.

Los principales conceptos, la socialización de género y los marcos legales que sustentan la igualdad efectiva son:

Conceptos	Socialización	Normativa
Igualdad: reconoce los mismos derechos y oportunidades.	**Roles y estereotipos de género:** construcciones sociales que asignan comportamientos y expectativas distintas a mujeres y hombres.	Ley Orgánica 3/2007
Equidad: ajusta los recursos según las necesidades específicas para lograr una igualdad real.		R. D. 901/2020 y R. D. 902/2020
	Socialización y transmisión de desigualdades: procesos por los que se aprenden e interiorizan los roles y estereotipos de género.	Estrategia Europea de Igualdad de Género
		Agenda 2030 y ODS 5

A nivel práctico, las políticas públicas se concretan en instrumentos y servicios que impulsan la igualdad real, la conciliación y la corresponsabilidad. Además, es importante la función de las instituciones y asociaciones que acompañan a las mujeres en su empoderamiento y desarrollo profesional.

Los siguientes elementos constituyen las principales herramientas y estructuras que permiten aplicar la igualdad de forma efectiva en los distintos ámbitos sociales y laborales:

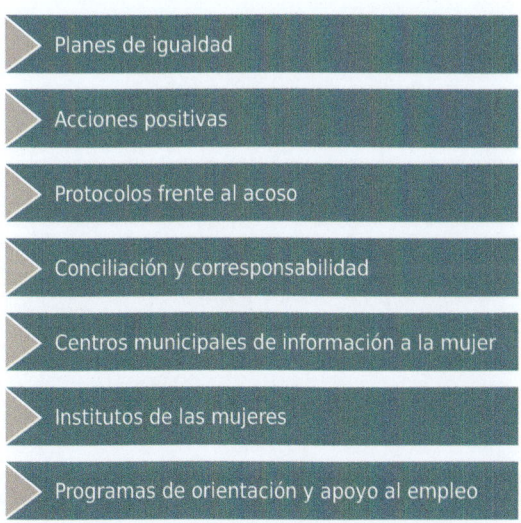

- Planes de igualdad
- Acciones positivas
- Protocolos frente al acoso
- Conciliación y corresponsabilidad
- Centros municipales de información a la mujer
- Institutos de las mujeres
- Programas de orientación y apoyo al empleo

Finalmente, se han identificado los **principales obstáculos** que aún limitan la participación plena de las mujeres en la sociedad y en el ámbito laboral. Estos pueden ser visibles (fácilmente identificables) o invisibles (sutiles):

Obstáculos visibles	- Brecha salarial - Segregación laboral - Falta de representación de las mujeres en puestos de liderazgo - Violencia de género y acoso en el ámbito laboral

Obstáculos invisibles	- Estereotipos y roles de género - Techo de cristal y suelo pegajoso - Carga desigual de las tareas domésticas y de cuidados - Lenguaje no sexista y comunicación inclusiva

Reconocer y actuar sobre estos obstáculos es el primer paso para construir entornos más equitativos, donde mujeres y hombres puedan desarrollar su potencial en condiciones de igualdad real.

Ejercicios de autoevaluación
Unidad de Aprendizaje 1

1. Determina si la siguiente afirmación es verdadera o falsa:

La igualdad formal se refiere al reconocimiento legal de que todas las personas son iguales ante la ley, independientemente de su sexo.

- Verdadero
- Falso

2. ¿Qué concepto hace referencia a la distribución desigual de mujeres y hombres en el mercado laboral por sectores o niveles jerárquicos?

- a. Brecha de género
- b. Segregación ocupacional
- c. Interseccionalidad
- d. Suelo pegajoso

3. Determina si la siguiente afirmación es verdadera o falsa:

El sexismo benévolo se presenta como una forma de trato positivo hacia las mujeres, aunque refuerza roles y estereotipos tradicionales.

- Verdadero
- Falso

4. ¿Cuál de las siguientes opciones NO corresponde a un tipo de discriminación reconocido?

- a. Discriminación directa
- b. Discriminación indirecta
- c. Discriminación por indiferenciación
- d. Discriminación preventiva

5. **Los planes de igualdad son obligatorios en las empresas con:**

   a. Más de 50 personas trabajadoras.
   b. Más de 100 personas trabajadoras.
   c. Más de 150 personas trabajadoras.
   d. Todas las empresas, sin importar el tamaño.

6. **Determina si la siguiente afirmación es verdadera o falsa:**

   La Ley Orgánica 3/2007, para la igualdad efectiva de mujeres y hombres, introduce los planes de igualdad en las empresas.

   ■ Verdadero
   ■ Falso

7. **¿Cuál de las siguientes medidas se considera una acción positiva?**

   a. Igualdad retributiva mediante registros salariales.
   b. Programas de apoyo al empleo femenino en sectores masculinizados.
   c. Protocolos frente al acoso sexual y por razón de sexo.
   d. Uso de lenguaje inclusivo en documentos internos.

8. **¿Qué servicio especializado ofrece atención telefónica gratuita, confidencial y en múltiples idiomas para mujeres víctimas de violencia de género?**

   a. Instituto de las Mujeres
   b. Línea 016
   c. Oficinas de atención a la víctima
   d. Programas Sara

9. **Determina si la siguiente afirmación es verdadera o falsa:**

   El "techo de cristal" y el "suelo pegajoso" son conceptos que hacen referencia a barreras visibles que dificultan la promoción de las mujeres en las organizaciones.

   ■ Verdadero
   ■ Falso

10. ¿Cuál de las siguientes afirmaciones define correctamente la discriminación indirecta?

    a. Es el trato desfavorable explícito hacia una persona por razón de sexo, origen o cualquier otra condición.

    b. Es la discriminación que se produce únicamente cuando existe intención directa de perjudicar a una persona.

    c. Es una situación en la que una norma, criterio o práctica aparentemente neutra provoca una desventaja particular para un grupo determinado.

    d. Es aquella que afecta exclusivamente a personas que sufren múltiples ejes de opresión simultáneamente.

Estrategias, acciones y sensibilización para el cambio social

Contenido

1. Introducción
2. Perspectiva de género en la toma de decisiones
3. Estrategias basadas en el *mainstreaming* de género
4. Acciones para la ruptura de obstáculos invisibles y buenas prácticas
5. Actuaciones para favorecer el cambio actitudinal y la corresponsabilidad: procesos sociales de cambio
6. Organización de acciones de sensibilización según sector social
7. Estrategias para favorecer la toma de decisiones individuales y colectivas: evaluación de la participación de las mujeres en espacios de decisión
8. Resumen

Objetivos

Los Objetivos específicos de esta Unidad de Aprendizaje son:

→ Definir el concepto de perspectiva de género y explicar su importancia en la toma de decisiones.

→ Reconocer las estrategias y herramientas vinculadas al *mainstreaming* de género en distintos ámbitos sociales.

→ Identificar obstáculos invisibles y analizar buenas prácticas que favorecen la igualdad.

→ Proponer medidas para eliminar los obstáculos invisibles e impulsar buenas prácticas de igualdad en una organización.

→ Diseñar una acción de sensibilización adaptada a un sector social específico (educativo, laboral/empresarial o comunicación/redes sociales).

1. Introducción

La igualdad entre mujeres y hombres es un derecho fundamental y un pilar básico de toda sociedad democrática. Para conseguirla, es necesario diseñar y aplicar estrategias que transformen las estructuras sociales, culturales y laborales que perpetúan las desigualdades.

Es fundamental comprender la perspectiva de género, cómo se aplica el *mainstreaming* de género y qué estrategias están vinculadas a su implementación. Además, existen herramientas efectivas para garantizar la igualdad, con ejemplos concretos de buenas prácticas en organizaciones y empresas, así como actuaciones orientadas a favorecer la corresponsabilidad y el cambio de actitudes.

Las campañas de sensibilización, la educación en igualdad y el uso responsable de los medios de comunicación y las redes sociales son esenciales para promover un cambio cultural profundo. Estas acciones, junto con la medición mediante indicadores y evaluaciones de impacto, permiten no solo identificar los avances logrados, sino también detectar las resistencias y barreras que todavía persisten. En este contexto, resulta ilustrativo el caso de TecnoRed, una empresa que, pese a haber implementado medidas iniciales de igualdad, seguía enfrentando críticas por la baja presencia de mujeres en puestos directivos y por la falta de protocolos claros de corresponsabilidad. Su experiencia demuestra que la igualdad no se logra únicamente con medidas aisladas, sino con un enfoque integral y transversal que impregne todas las decisiones y políticas de la organización.

2. Perspectiva de género en la toma de decisiones

☞ **HILO CONDUCTOR**

En TecnoRed la ausencia de una estrategia clara para incorporar la perspectiva de género en la toma de decisiones generó críticas porque existía una baja presencia de mujeres en espacios de responsabilidad. Ante esta situación, la empresa inició un proceso de revisión de sus prácticas de liderazgo para poder integrar de manera transversal la perspectiva de género en todos los niveles de gestión.

Incorporar la **perspectiva de género** en la toma de decisiones es un elemento esencial para poder garantizar la igualdad de oportunidades entre mujeres y hombres en los distintos ámbitos de la sociedad. No se refiere únicamente a la necesidad de aumentar la representación femenina en los espacios de poder, sino de integrar de forma transversal y sistemática un análisis de género que permitirá identificar las desigualdades y trabajar desde la interseccionalidad. Así, se podrán diseñar políticas inclusivas y promover cambios estructurales. Por lo tanto, el objetivo final de la aplicación de la perspectiva de género es construir entornos más equitativos y justos.

La incorporación de la perspectiva de género en la toma de decisiones fomenta entornos colaborativos, inclusivos y equitativos.

2.1. Conceptualización de la perspectiva de género

La perspectiva de género es una **herramienta conceptual** que busca mostrar las diferencias entre mujeres y hombres, es decir, presta atención a estas diferencias entre sexos en las distintas actividades. Es una metodología que nos permite identificar, cuestionar y valorar la **discriminación, desigualdad** y **exclusión de las mujeres.**

Los elementos esenciales que permiten aplicar la perspectiva de género en distintos contextos son:

- ⟳ **Definición:** la perspectiva de género es un enfoque analítico que permite identificar cómo las diferencias socialmente construidas entre mujeres y hombres afectan a sus oportunidades, roles, recursos y poder, y cómo estas desigualdades pueden transformarse a través de políticas y acciones específicas.

⊃ **Elementos clave:** el Instituto de la Mujer, en su *Guía para la incorporación de la perspectiva de género,* señala dos aspectos fundamentales:

  ◐ **Objeto:** alcanzar la igualdad real entre mujeres y hombres.
  ◐ **Sujeto:** dotar de formación y recursos a las personas implicadas en el proceso.

⊃ **¿Por qué incorporarla?:** incorporar la perspectiva de género de forma transversal nos lleva a poder identificar y valorar las necesidades y circunstancias específicas de toda la población. El género, como categoría social, deber ser tenido en cuenta y no se trata únicamente de incluir a las mujeres, sino de analizar las consecuencias de la asociación diferencial de género y proponer alternativas. Esta aproximación nos permite adecuar las distintas políticas y proyectos a las mujeres y, por lo tanto, ofrecer posibles soluciones más adecuadas.

⊃ **Ejemplo práctico:** en el diseño de un plan de movilidad urbana, aplicar la perspectiva de género implica analizar cómo mujeres y hombres utilizan el transporte de forma diferente. Mientras los hombres suelen realizar trayectos directos entre casa y trabajo, las mujeres tienden a realizar viajes "en cadena", combinando el desplazamiento laboral con tareas de cuidado (llevar a hijas e hijos al colegio, hacer compras, acompañar a personas mayores, etc.). Sin este enfoque, las políticas de transporte podrían ignorar esas necesidades específicas, perpetuando desigualdades en el acceso a la ciudad.

El objetivo final de la implementación de la perspectiva de género es colaborar en la creación de sociedades más igualitarias, democráticas y justas, mejorando la calidad de vida de todas las personas en las distintas esferas de la vida: individual, colectiva y comunitaria.

2.2. Importancia de la representación equilibrada

Uno de los puntos más relevantes en la aplicación de la perspectiva de género en la toma de decisiones es la **representación equilibrada de mujeres y hombres** en esos espacios de toma de decisiones. No se trata únicamente de garantizar la presencia numérica de mujeres, sino de asegurar su **participación activa** en los procesos de liderazgo, gestión y diseño de políticas. La ausencia de mujeres en estos espacios refuerza estereotipos y limita la diversidad de perspectivas necesarias para una sociedad más democrática y justa.

Algunas ideas clave de la representación equilibrada son:

Justicia e igualdad
- La representación equilibrada es un derecho derivado del
principio de igualdad reconocido en las normas nacionales
e internacionales.

Democracia y legitimidad
- Una democracia real exige que las mujeres, que constituyen
la mitad de la población, participen en los órganos de
decisión.

Diversidad de perspectivas
- La inclusión de mujeres mejora la calidad de las decisiones,
al integrar experiencias y necesidades diversas.

Efectividad y resultados
- Estudios de la ONU y la UE muestran que las organizaciones
con más diversidad de género en puestos directivos tienen
mejores resultados económicos y sociales.

◁◎▷ EJEMPLO

En la actualidad, la representación de mujeres en el Congreso de los Diputados
se mantiene por encima del 40 % de los escaños, situando a España entre los
países europeos con mayor presencia femenina en su Parlamento. Este nivel
de paridad refleja avances sostenidos en la participación política de las mujeres
en las últimas décadas.

La presencia femenina en los consejos de administración del IBEX 35 ya supera
el 40 %, según los últimos datos de la CNMV, reflejando un avance sostenido
en la representación de mujeres. Sin embargo, siguen infrarrepresentadas en
puestos ejecutivos y de liderazgo estratégico, lo que evidencia que aún persisten
brechas en la toma de decisiones económicas.

2.3. Inclusión de la perspectiva de género en políticas y proyectos

La inclusión de la perspectiva de género en políticas y proyectos garantiza que las intervenciones respondan a las necesidades reales de toda

la población, evitando reproducir desigualdades. Este enfoque implica analizar cómo las decisiones afectan de forma diferenciada a mujeres y hombres, incorporando medidas específicas para corregir desequilibrios.

Para lograrlo, la perspectiva de género debe integrarse de manera transversal en todas las fases del ciclo del proyecto:

- **Fase de diagnóstico:** en esta fase se identifican las necesidades del grupo objeto de nuestra intervención. La perspectiva de género en esta fase se incorporaría de la siguiente forma:

  1. **Obtener datos desagregados por sexos.** Se deben recoger datos, estadísticas e información desagregados por sexo teniendo en cuenta la diversidad.
  2. **Identificar las diferencias de género y analizar sus causas.** Una vez se han obtenido los datos se deben identificar y analizar las diferencias encontradas.
  3. **Identificar organizaciones y profesionales del sector con interés y formación en la dimensión de género.** Es importante la colaboración con otras organizaciones que puedan estar interesadas en el proyecto y sean expertas en género.
  4. **Realizar la búsqueda de bibliografía con enfoque de género.** Se busca bibliografía con enfoque de género, con datos desagregados y análisis de desigualdades, para fundamentar la intervención y atender necesidades diferenciadas.

- **Fase de planificación:** en esta fase dibujamos nuestro proyecto. A continuación vamos a ver cómo aplicar la perspectiva de género en los distintos apartados:

  1. **Objetivos:** para aplicar el enfoque de género, se debe incluir un objetivo general y uno o varios específicos que orienten el proyecto de forma concreta hacia la igualdad y la superación de la discriminación de género.
  2. **Personas destinatarias:** se debe definir un perfil adecuado del grupo objetivo, donde se determine adecuadamente la composición por sexo del grupo buscado y teniendo en cuenta otras variables como edad, nivel educativo, vida laboral, creencias, percepciones, etc.
  3. **Localización:** se debe tener en cuenta que algunas zonas tienen características particulares que pueden influir en el proyecto y afectar de forma diferencial a mujeres y hombres. Por ello, es necesario realizar un estudio del territorio donde se quiere realizar el proyecto.
  4. **Metodología:** en este punto se debe elegir la metodología (cuantitativa, cualitativa, mixta) más adecuada para el proyecto teniendo en cuenta las características básicas de las personas participantes.

5. **Actividades:** las actividades deben responder a las necesidades diferenciadas y específicas de mujeres y hombres. Por tanto, pueden realizarse actividades segregadas para hombres y mujeres, actividades específicas para mujeres o específicas para hombres. Asimismo, se deben desarrollar actividades que favorezcan la inversión de roles tradicionales y debemos intentar que la participación en las actividades sea equilibraba entre hombres y mujeres.

⊃ **Fase de ejecución:** en esta fase se trata de ejecutar el proyecto. Si hemos integrado la perspectiva de género en los pasos anteriores, la labor más importante aquí será prestar atención a los imprevistos y reformular, en el caso de que sea necesario.

1. Incluir metodologías participativas desde la perspectiva de género y realizar un análisis permanente de las dificultades de participación. Las metodologías participativas son herramientas que buscan la participación activa de la sociedad en la transformación del entorno.
2. Organizar las actividades de manera que mujeres y hombres puedan participar en igualdad.
3. Intentar tener un equipo de gestión del proyecto con formación en género y en violencia contra las mujeres. Si fuese necesario, incluiríamos actividades de formación y capacitación para el personal.

⊃ **Fase de seguimiento y evaluación:** un seguimiento con enfoque de género debe analizar las causas estructurales de desigualdad, la participación de mujeres y hombres, los roles y el acceso a los recursos. Para que sea efectivo, se requiere:

◡ Personal formado en género y comprometido con la igualdad.
◡ Objetivos y resultados formulados con perspectiva de género.
◡ Indicadores desagregados por sexo que permitan medir avances.
◡ Evaluación de resultados cuantitativos y cualitativos, destacando buenas prácticas.

Según Ander-Egg, la **evaluación es el "termómetro" de los programas,** ya que permite comprobar si las acciones realizadas contribuyen realmente a los objetivos propuestos. Desde la Conferencia de Pekín se insiste en analizar los efectos diferenciados que las medidas tienen sobre mujeres y hombres para evitar reproducir desigualdades. Una evaluación con enfoque de género debe:

◡ Considerar las diferencias entre mujeres y hombres en el ámbito del proyecto.
◡ Verificar si las acciones ayudan a eliminar desigualdades.

◡ Estar planificada desde el diagnóstico inicial y aplicarse durante todo el proceso.

◡ Contar con un equipo comprometido y recursos adecuados.

◡ Utilizar **preguntas e indicadores de género** que midan los avances y los resultados. Los indicadores permiten medir los avances en igualdad, tanto de forma cuantitativa (datos numéricos) como cualitativa (valoraciones o percepciones).

En definitiva, la aplicación del enfoque de género se realiza con carácter **integral,** buscando la implicación de todas las personas que forman parte del proyecto. Además, aplicarla desde la fase de diagnóstico nos asegura que sea sensible a las diferencias sociales entre mujeres y hombres.

 PARA SABER MÁS

En la siguiente guía del Instituto Navarro para la Igualdad se describen los distintos indicadores de género que pueden usarse en la elaboración y aplicación de proyectos. Accede desde aquí para verla.

https://redirectoronline.com/1405030201

3. Estrategias basadas en el *mainstreaming* de género

 HILO CONDUCTOR

En la empresa TecnoRed, encontraron una falta de coherencia en la aplicación de medidas de igualdad, ya que estas eran puntuales y no transformaban la

Continúa en página siguiente >>

<< Viene de página anterior

cultura de la empresa. Por ello, la dirección decidió apostar por el *mainstreaming* de género, es decir, integrar la perspectiva de género en todas sus políticas y procesos, desde la selección de personal hasta la planificación de proyectos.

El *mainstreaming* de género, o **transversalización de género,** es una estrategia que busca integrar de forma transversal la igualdad en todas las políticas, programas y acciones. Se analizan los efectos de todas las medidas en mujeres y hombres para asegurar que no hay desigualdades. El *mainstreaming* de género busca un cambio estructural en la forma de planificar, ejecutar y evaluar las políticas públicas.

El mainstreaming de género busca integrar de forma conjunta y coordinada las distintas piezas que conforman la igualdad en todos los ámbitos sociales.

3.1. Concepto y principios del *mainstreaming*

La transversalidad/*mainstreaming* de género es una estrategia eficaz para el avance en la consecución de la igualdad. Según el Consejo de Europa de 1998 es "la (re)organización, mejora, desarrollo y evaluación de los procesos políticos para incorporar, por parte de los actores involucrados normalmente en dichos procesos, una perspectiva de igualdad de género en todos los niveles y fases de todas las políticas".

Por lo que, para poder aplicar la transversalidad, es importante conocer sus distintos elementos:

- **Origen:** surge en la IV Conferencia Mundial sobre la Mujer, celebrada en Beijing en 1995, donde se estableció la estrategia global para lograr la igualdad efectiva. Esta estrategia fue incorporada en el derecho comunitario europeo a través del Tratado de Ámsterdam y los programas de acción posteriores.

- **Objetivos:** su objetivo principal es garantizar que todas las políticas, programas y proyectos contemplen la perspectiva de género en todas sus fases (diagnóstico, planificación, ejecución y evaluación) con el fin de transformar las estructuras que perpetúan las desigualdades, así que busca:

  - Fomentar la igualdad real.
  - Afrontar la desigualdad públicamente.
  - Promover la diversidad.

- **Cómo funciona:** funciona de la siguiente manera:

  - **Integración en políticas públicas:** la perspectiva de género debe ser un eje transversal presente en todas las áreas de gestión y toma de decisiones.
  - **Análisis de impacto:** se valoran los efectos de cada acción en mujeres y hombres para asegurar que no reproduzcan ni amplíen desigualdades.
  - **Revisión de procesos:** se rediseñan estructuras y procedimientos con el objetivo de garantizar que la igualdad de género sea un principio rector en la práctica.

 PARA SABER MÁS

El propio Instituto de las Mujeres tiene un programa sobre *mainstreaming* de género, donde se promueve la transversalidad de género en todas las políticas públicas que desarrollar. Accede desde aquí para conocerlo.

https://redirectoronline.com/1405030202

✎ ACTIVIDAD 3

El ayuntamiento de un municipio quiere aplicar la perspectiva de género en todas sus políticas públicas. Para ello, ha diseñado distintas medidas. Señala cuál de ellas no se ajusta al enfoque del *mainstreaming* de género.

a. Incorporar el análisis de impacto de género en cada nueva ordenanza o programa municipal.
b. Garantizar presupuestos sensibles al género, con partidas específicas para fomentar la igualdad.
c. Mantener la igualdad como un área independiente y aislada dentro del Departamento de Servicios Sociales.
d. Realizar campañas de sensibilización dirigidas a toda la ciudadanía para fomentar la corresponsabilidad.

3.2. Herramientas para la transversalización de género

En los últimos años se han elaborado distintas herramientas concretas para poder aplicar la transversalización en las políticas, proyectos y programas. Estas herramientas buscan facilitar la identificación de desigualdades y garantizar que las medidas adoptadas promuevan la igualdad real y efectiva en los distintos ámbitos.

Las más relevantes actualmente son:

- **Informes de impacto de género:** hacen referencia al análisis de los resultados y efectos de las distintas políticas públicas o normas en la vida de las mujeres y hombres, con el objetivo de identificar, prevenir y evitar las desigualdades de género.
- **Presupuestos sensibles al género:** herramienta donde se analizan los ingresos y gastos públicos para saber si los beneficios son equitativos y reducen las brechas de género. No se crea un presupuesto aparte para las mujeres, sino que se integra la perspectiva de género en la planificación y ejecución presupuestaria.
- **Indicadores y estadísticas desagregadas por sexo:** datos que permiten analizar y medir las desigualdades de manera objetiva.
- **Planes de igualdad y protocolos frente al acoso y las violencias machistas:** procedimientos establecidos en instituciones y empresas que buscan garantizar la igualdad y prevenir e intervenir en los casos de acoso y de violencias machistas.

⊃ **Auditorías de género:** herramienta de evaluación que verifica si se ha incorporado la perspectiva de género en las políticas públicas, programas, planes, proyectos, etc.

4. Acciones para la ruptura de obstáculos invisibles y buenas prácticas

👉 **HILO CONDUCTOR**

Durante la revisión y el diagnóstico de TecnoRed, a través de las distintas entrevistas y encuestas, vieron como seguían existiendo obstáculos invisibles como la falta de mujeres en puestos de liderazgo o la menor participación de mujeres en proyectos innovadores. Estos sesgos culturales y estructurales llevaron a la empresa a impulsar acciones específicas orientadas a transformar actitudes, revisar dinámicas internas y visibilizar referencias femeninas.

Cuando hablamos de obstáculos invisibles nos referimos a aquellos que no se perciben a simple vista, que están **normalizados** y se consideran **habituales.** Estos obstáculos se encuentran en normas culturales, creencias sociales, prácticas laborales o usos del lenguaje que perpetúan las desigualdades. Para poder superarlos se deben identificar las distintas barreras, promover cambios colectivos y, al mismo tiempo, aplicar buenas prácticas en organizaciones y empresas que sirvan de modelo para avanzar hacia una igualdad efectiva.

Romper el llamado "techo de cristal" significa superar las barreras invisibles que limitan el acceso de las mujeres a puestos de liderazgo y toma de decisiones.

4.1. Identificación de barreras culturales y sociales

Como hemos visto en el módulo anterior las barreras culturales y sociales son obstáculos invisibles, muchas veces **normalizados** y **naturalizados,** que impiden la consecución de la igualdad de género y el empoderamiento de las mujeres en los distintos ámbitos de la sociedad.

Estas barreras se transmiten a través de los procesos de socialización de género, siendo las más relevantes:

Estereotipos de género
- Ideas preconcebidas de cómo debe ser una mujer y cómo debe ser un hombre.

Techo de cristal
- Limitación invisible que impide a las mujeres alcanzar posiciones de responsabilidad o liderazgo.
- Ejemplo: en España solo el 23,2 % de las presidencias de consejos de administración están ocupadas por mujeres.

Suelo pegajoso
- Concentración de las mujeres en puestos de baja responsabilidad y remuneración, debido a los estereotipos de género.
- Ejemplo: el sector de cuidados y limpieza, altamente feminizado, presenta salarios hasta un 30 % más bajos que la media.

Doble jornada laboral
- Sobrecarga de cuidados.
- Asignación desigual de las tareas domésticas y de cuidado.
- Ejemplo: las mujeres dedican de media 22 horas semanales a las tareas domésticas y de cuidados no remunerados, frente a las 14 horas de los hombres.

Lenguaje sexista y comunicación no inclusiva
- Refuerza las desigualdades, ya que invisibiliza y/o estigmatiza a las mujeres y otros colectivos vulnerables.
- Ejemplo: la RAE ha reconocido en varios informes la persistencia de usos lingüísticos que invisibilizan a las mujeres, como el "masculino genérico", a pesar de que organismos internacionales promueven el lenguaje inclusivo.

Resistencia cultural al cambio
- Actitudes y creencias tradicionales que normalizan la desigualdad.
- Ejemplo: una encuesta de la Fundación BBVA muestra que un 25 % de la población cree que "los cambios hacia la igualdad de género son excesivos y afectan negativamente a los hombres".

 **VÍDEO**

En el siguiente vídeo del Instituto de las Mujeres se muestran los distintos obstáculos invisibles y sesgos de género existentes en el ámbito laboral. Accede desde aquí para verlo.

https://redirectoronline.com/1405030203

4.2. Ejemplos de buenas prácticas en organizaciones y empresas

Las buenas prácticas en igualdad de género son iniciativas concretas que desarrollan las empresas y organizaciones para eliminar las desigualdades y barreras visibles e invisibles, fomentar la corresponsabilidad y el empoderamiento de las mujeres y, por tanto, garantizar la igualdad de oportunidades.

Las buenas prácticas mejoran la productividad, el clima laboral y la reputación corporativa.

Algunos ejemplos de buenas prácticas son:

- **Planes de igualdad efectivos:** un plan de igualdad efectivo incluye medidas de contratación equilibrada, promoción interna sin sesgos, conciliación y prevención del acoso.
- **Conciliación y corresponsabilidad:** las políticas de conciliación promueven la flexibilidad horaria, el teletrabajo y los permisos maternales/parentales equitativos, favoreciendo la implicación de hombres y mujeres en los cuidados. Son medidas que también mejoran la satisfacción laboral y la retención del talento.
- **Formación y sensibilización:** la formación interna en igualdad y diversidad ayuda a prevenir estereotipos y fomentar una cultura organizacional inclusiva.
- **Presencia de mujeres en puestos de liderazgo:** impulsar la presencia femenina en puestos de decisión requiere programas de desarrollo profesional, mentoría y objetivos e indicadores medibles.

● **Lenguaje inclusivo y comunicación igualitaria:** las políticas de comunicación deben garantizar un uso inclusivo del lenguaje y una representación diversa en todos los canales.

TAREA 3

En TecnoRed, tras la auditoría interna de género, se detectó que la mayoría de las promociones a puestos de liderazgo seguían concentrándose en hombres, a pesar de que existía paridad en la plantilla. Además, se observó que las mujeres participaban menos en las actividades de formación y en los proyectos de innovación. La dirección quiere diseñar un plan de actuación para eliminar estos obstáculos invisibles y fomentar el empoderamiento. ¿Qué acciones podría implementar TecnoRed para romper estos obstáculos? Propón dos. Plantea al menos dos buenas prácticas que podrían servir de modelo a otras organizaciones.

ACTIVIDAD COMPLEMENTARIA

2. Busca ejemplos de campañas, programas o iniciativas impulsadas por empresas, instituciones, asociaciones o movimientos sociales que promuevan la igualdad, la corresponsabilidad o el liderazgo femenino. Selecciona un ejemplo y explica qué problema busca abordar y qué estrategia han utilizado.

5. Actuaciones para favorecer el cambio actitudinal y la corresponsabilidad: procesos sociales de cambio

 HILO CONDUCTOR

La experiencia de TecnoRed mostró que muchas trabajadoras seguían asumiendo de forma desproporcionada las tareas de cuidado, lo que al final limitaba su

Continúa en página siguiente >>

<< Viene de página anterior

desarrollo profesional. Una vez fueron conscientes de esta realidad, implementaron actuaciones para sensibilizar a toda la plantilla sobre la corresponsabilidad, fomentando políticas de conciliación igualitarias.

Para lograr una igualdad efectiva es fundamental conseguir un cambio de actitudes y una corresponsabilidad real en la sociedad. Esto implica repartir las tareas domésticas, de cuidados y el tiempo familiar de forma equitativa, además de promover valores de respeto y equidad desde la educación y la sensibilización social. Estas actuaciones no solo favorecen un entorno más justo, sino que también contribuyen al bienestar colectivo y a la sostenibilidad de las políticas de igualdad.

La corresponsabilidad supone compartir las tareas de cuidado, fomentando la igualdad en la vida familiar y social.

5.1. La corresponsabilidad, un factor clave

La corresponsabilidad hace referencia a una responsabilidad **compartida, equilibrada** y **equitativa** de la planificación, organización y realización de las tareas de cuidado, trabajo remunerado y tiempo personal. Implica la distribución equitativa de las responsabilidades entre todas las personas de una unidad familiar, organizaciones y la sociedad en general.

Cuando hablamos de corresponsabilidad no nos referimos solo a compartir tareas domésticas y de cuidado entre las personas del hogar, sino que incluye también a las **empresas, instituciones públicas** y a la **comunidad,** en un esfuerzo conjunto para crear entornos más igualitarios y respetuosos con las necesidades individuales. En cada ámbito actúa de forma distinta:

- **Ámbito del hogar:** en el ámbito del hogar, la corresponsabilidad supone romper con los roles tradicionales que han asignado históricamente a las mujeres las tareas domésticas y de cuidado. No se trata solo de compartir las tareas, sino también de asumir la planificación y la organización del hogar. Uno de los aspectos más invisibles de esta desigualdad es la carga mental, entendida como el esfuerzo constante de pensar, coordinar y anticipar las necesidades familiares. Por ello, la corresponsabilidad implica no solo repartir las tareas físicas, sino también compartir la gestión y la toma de decisiones que estas conllevan.
- **Ámbito social:** en el ámbito social, la corresponsabilidad busca promover un cambio cultural que fomente la igualdad y la inclusión en todos los espacios de la vida pública. Este cambio requiere del compromiso de las instituciones, que deben impulsar políticas y normativas orientadas a la conciliación y la corresponsabilidad colectiva, visibilizando la importancia del reparto equitativo de los cuidados.
- **Ámbito laboral:** en el ámbito laboral, la corresponsabilidad implica aplicar medidas y políticas que favorezcan la igualdad de oportunidades y la conciliación entre la vida personal, familiar y profesional. Para ello, es fundamental incorporar la flexibilidad laboral, los permisos parentales equitativos y la corresponsabilidad en el cuidado, de modo que tanto mujeres como hombres puedan participar en igualdad de condiciones en todas las esferas de la vida.

La corresponsabilidad emerge como un factor fundamental para garantizar un equilibrio real y sostenible.

Así, fomentar la corresponsabilidad es crucial por un gran número de razones que afectan a distintos niveles:

Favorece la igualdad de género
- El reparto desigual de tareas ha sido una de las barreras principales para el empoderamiento de las mujeres.
- La corresponsabilidad permite superar estas limitaciones, ya que busca ofrecer las mismas oportunidades a mujeres y hombres para que puedan desarrollarse profesionalmente y participar de forma activa en la vida familiar.

Mejora el bienestar personal y familiar
- Se reduce la sobrecarga física y emocional de la persona que asume la mayor parte de las tareas.
- Fomenta una cultura de igualdad dentro de la familia, algo que es clave para la educación de niñas y niños.

Continúa en página siguiente >>

<< Viene de página anterior

Impulsa la productividad y competitividad empresarial
- Las empresas que adoptan políticas de conciliación y corresponsabilidad generan ambientes laborales más flexibles, equitativos e inclusivos.
- Ello incrementa la satifacción, mejora el rendimiento y reduce el estrés de su plantilla, por lo que hay una mayor retención del talento.

Contribuye al desarrollo social y económico
- Una sociedad corresponsable es más equitativa, inclusiva y productiva.
- Reducir la desigualdad de género e integrar los modelos de conciliación favorece una economía más eficiente y un tejido social más cohesionado.

 **DEFINICIÓN**

Conciliación
Conjunto de medidas, prácticas y políticas que buscan facilitar el equilibrio entre la vida laboral, familiar y personal. Más allá de la simple organización del tiempo, la conciliación implica un enfoque integral que promueva la calidad de vida y el bienestar, a nivel individual y colectivo.

- -

 ACTIVIDAD 4

En TecnoRed, el Departamento de Recursos Humanos está revisando sus políticas de conciliación y corresponsabilidad. Entre las siguientes medidas, señala cuál no contribuye a fomentar un cambio real de actitudes hacia la igualdad entre mujeres y hombres.

a. Impulsar campañas internas que promuevan la corresponsabilidad entre toda la plantilla.
b. Ampliar los permisos parentales para mujeres y hombres en igualdad de condiciones.

Continúa en página siguiente >>

<< Viene de página anterior

c. Fomentar que las medidas de conciliación se dirijan preferentemente a las mujeres con hijos.
d. Establecer horarios flexibles y teletrabajo para facilitar la conciliación compartida.

5.2. Programas educativos y sensibilización social

La educación y sensibilización son fundamentales para poder trasformar las estructuras que sostienen la desigualdad de género. A través de los distintos programas educativos y campañas comunitarias se puede promover la **corresponsabilidad** desde edades tempranas, por lo que estas acciones no solo impactan en niñas, niños y jóvenes, sino que ayudan a crear una conciencia colectiva orientada hacia la consecución de una sociedad más **inclusiva** y **equitativa.**

Estos programas de educación y sensibilización se pueden clasificar en 4 ámbitos principales:

➲ **Ámbito educativo**

◑ **Género Educa (Koremi):** programa educativo participativo que promueve la igualdad y la prevención de la violencia de género en escuelas.
◑ **Proyecto RELACIONA (Instituto de las Mujeres):** formación para profesorado sobre coeducación y prevención de la violencia de género en centros educativos.

➲ **Ámbito comunitario**

◑ **Igualdad en Acción (Asociación por la Paz y el Desarrollo):** sensibiliza en hostelería, ocio y restauración, formando al personal como agentes de igualdad.
◑ **Campaña Nos duele a todas.** Nos duele a todos (Junta de Andalucía): acción de sensibilización comunitaria contra la violencia de género.

➲ **Ámbito laboral**

◑ **Plan de Igualdad de Telefónica y programas de mentoring femenino:** fomenta corresponsabilidad, formación en igualdad y promoción de mujeres en puestos directivos.

⟲ **Programa Target Gender Equality (Pacto Mundial - empresas como Iberdrola o Telefónica):** acompañamiento a empresas en la implementación de medidas de igualdad y liderazgo femenino.

➲ **Ámbito mediático y digital**

⟲ **Campañas del Instituto de las Mujeres (ej.: Ni más, ni menos: iguales):** difusión de mensajes en televisión, radio y redes sociales sobre igualdad de género.

⟲ **Campaña No es amor (Ministerio de Igualdad):** proyecto en redes y medios que alerta sobre relaciones tóxicas en la juventud.

6. Organización de acciones de sensibilización según sector social

☞ HILO CONDUCTOR

En TecnoRed comenzaron a organizar actividades de sensibilización dirigidas a los distintos sectores sociales: empezaron a colaborar con los centros educativos en programas sobre mujeres y tecnología, impulsaron campañas de igualdad en sus redes sociales corporativas y participaron en congresos y foros empresariales para compartir y conocer buenas prácticas.

Según el sector donde se implementan, las acciones de sensibilización en igualdad y perspectiva de género adquieren distintas formas. Es imprescindible adaptar las metodologías y mensajes en los distintos ámbitos (educativo, laboral, empresarial y mediático) para así poder garantizar su eficacia. Cada área tiene sus dinámicas y público específico, por lo que las acciones y estrategias deben adaptarse a sus necesidades, siempre con el objetivo de promover una cultura igualitaria de forma transversal.

La sensibilización en igualdad debe llegar a todos los sectores y grupos sociales, reconociendo la diversidad como un valor esencial.

6.1. Acciones en el ámbito educativo

Una de las bases para construir sociedades más igualitarias es la **educación.** A través de las escuelas, desde la infancia, se transmiten valores, roles y estereotipos que contribuyen en el desarrollo de mujeres y hombres. Por ello, en el ámbito educativo es imprescindible impulsar acciones de sensibilización en igualdad.

Estas acciones incluyen tres campos principales: coeducación, Talleres para la prevención de las violencias machistas y formaciones sobre igualdad para el profesorado.

Coeducación

La coeducación es una propuesta pedagógica que responde a la reivindicación de igualdad planteada por la teoría feminista y que busca reformular el modelo educativo desde una perspectiva de género, integrando este enfoque en todos los espacios de aprendizaje (Instituto de las Mujeres, 2008).

Desde los años setenta y ochenta, cuando se reclamaba el acceso igualitario de niñas y niños a la educación, el concepto ha evolucionado al evidenciarse que la escuela no es un espacio neutro, sino que puede reproducir desigualdades.

Hoy en España se apuesta por una estrategia dual, que combina la transversalidad en el currículo con acciones concretas orientadas a promover la igualdad y la coeducación real.

 **EJEMPLO**

El programa Skolae en Navarra, reconocido por la UNESCO, desarrolla un currículo coeducativo que aborda desde la etapa infantil hasta la secundaria, con materiales y formación específica para el profesorado.

Talleres para la prevención de las violencias machistas

Espacios formativos donde se trabaja la igualdad, las violencias machistas, la resolución pacífica de conflictos, el respeto mutuo y la detección temprana de señales de violencia.

Estos talleres se adaptan a las edades del alumnado y les ayudan a identificar conductas de control o discriminación y a construir relaciones afectivas igualitarias.

 **EJEMPLO**

El Instituto Andaluz de la Mujer organiza talleres de prevención de violencia de género en colegios e institutos, trabajando aspectos como la autoestima, las relaciones sanas y el uso responsable de redes sociales.

Formaciones sobre igualdad para el profesorado

El profesorado tiene un papel clave en la transmisión de valores de igualdad y equidad, en la detección de desigualdades y en la prevención de violencias machistas. Por ello, se desarrollan programas de formación para docentes, con el objetivo de que integren la perspectiva de género en su práctica educativa diaria y contribuyan en la eliminación de las desigualdades.

👁 **EJEMPLO**

Emakunde (Instituto Vasco de la Mujer) ofrece cursos y materiales para el profesorado de Euskadi, facilitando herramientas didácticas para trabajar la igualdad en el aula. A nivel estatal, el Instituto de la Mujer también promueve planes de formación docente en coeducación y prevención de la violencia de género.

La coeducación debe ser transversal en el currículo, aunque en ocasiones requiere acciones específicas.

👁 **EJEMPLO**

Se puede organizar una charla sobre mujeres en la ciencia, el arte y la cultura para reconocer y difundir sus aportaciones históricamente invisibilizadas.

En el ámbito de la prevención de las violencias machistas, se puede trabajar con el alumnado de secundaria mediante talleres sobre los mitos del amor romántico, analizando películas o canciones y promoviendo modelos de relación igualitarios y respetuosos.

Finalmente, la formación del profesorado puede centrarse en detectar señales de alerta, intervenir con perspectiva de género y acompañar adecuadamente al alumnado que pueda estar viviendo situaciones de violencia.

6.2. Acciones en el ámbito laboral y empresarial

Incorporar la perspectiva de género en las organizaciones es vital para conseguir entornos laborales **equitativos, inclusivos** y **libres de discriminación.** Entre las principales medidas destacan:

Protocolos contra el acoso sexual y el acoso por razón de sexo
- Los **protocolos contra el acoso sexual y por razón de sexo son obligatorios** en todas las empresas y deben incluir canales de denuncia, medidas de protección y actuaciones preventivas.

Planes de igualdad en las empresas
- Los **planes de igualdad,** exigidos por el Real Decreto 901/2020 para empresas de más de 50 personas trabajadoras, recogen medidas evaluables en materia de igualdad, conciliación y corresponsabilidad.

Programas de mentoría para mujeres en liderazgo
- Los **programas de mentoría y liderazgo femenino,** como *Talentia 360 M-Directivas*, impulsan la formación y visibilidad de las mujeres en puestos de responsabilidad.

6.3. Acciones en medios de comunicación y redes sociales

Los medios de comunicación y las redes sociales se han convertido en **agentes clave** en la construcción de imaginarios colectivos y, por tanto, en agentes socializadores. Así, son herramientas fundamentales para promover la igualdad de género, la lucha contra las violencias machistas y las desigualdades.

Las estrategias principales para promover la igualdad y la diversidad son:

- **Uso de lenguaje inclusivo y no sexista:** para combatir el machismo y los roles de género tradicionales es imprescindible evitar expresiones sexistas y buscar fórmulas inclusivas que permitan incluir mensajes igualitarios. Muchas instituciones públicas y medios de comunicación han elaborado guías y campañas que promueven una comunicación igualitaria en prensa, televisión y redes sociales.
- **Representación diversa y equilibrada:** la representación diversa y equilibrada en los medios contribuye a reflejar la pluralidad de la sociedad, mostrando mujeres y hombres de distintas edades, orígenes y realidades. Entre las acciones más habituales se incluyen la formación a profesionales y las auditorías de contenidos para detectar y corregir sesgos.
- **Campañas en redes sociales que visibilicen la corresponsabilidad y el liderazgo femenino:** las campañas en redes sociales también juegan un papel clave al visibilizar la corresponsabilidad y el liderazgo femenino, difundiendo mensajes que promueven la igualdad y cuestionan los estereotipos de género.

 **TAREA 4**

En TecnoRed, el equipo de igualdad va a colaborar con diferentes entidades para impulsar acciones de sensibilización orientadas a promover la igualdad y la corresponsabilidad en distintos sectores.

Selecciona uno de los tres sectores (educativo, laboral/empresarial o comunicación/redes sociales) y diseña una acción de sensibilización adecuada a su contexto.

Tu propuesta debe incluir:

- Sector elegido.
- Objetivo principal de la acción.
- Actividades concretas (campaña, taller, material audiovisual, charla, etc.).
- Evaluación con un par de indicadores de impacto.

7. Estrategias para favorecer la toma de decisiones individuales y colectivas: evaluación de la participación de las mujeres en espacios de decisión

👉 **HILO CONDUCTOR**

Después de varios años implementando medidas para la consecución de la igualdad, TecnoRed decidió evaluar el impacto real de sus acciones a través de indicadores de género y evaluaciones periódicas. Así, analizaron la presencia de las mujeres en puestos de responsabilidad y su participación en los distintos órganos de decisión. Este proceso los ayudó a identificar los avances conseguidos y también las áreas de mejora, lo que impulsó nuevas estrategias para seguir trabajando en la consecución de la igualdad y la equidad.

Una de las formas de conocer el avance hacia la igualdad es evaluando la participación de las mujeres en los espacios de decisión. Es muy importante tener en cuenta que no basta con promover leyes o políticas, sino que es necesario contar con datos, indicadores y metodologías que permitan analizar en qué medida participan las mujeres y cómo su presencia transforma las dinámicas políticas, sociales y económicas.

Los indicadores de género permiten medir la participación de mujeres y hombres en distintos espacios de decisión, facilitando un análisis objetivo de la igualdad.

7.1. Indicadores de participación y representación

Para poder evaluar la participación de las mujeres en los espacios de decisión se necesitan herramientas que permitan mediar y analizar la manera sistemática y objetiva el grado de presencia e influencia de mujeres y hombres. Estos instrumentos se denominan **indicadores** y pueden clasificarse en tres tipos principales:

- **Indicadores cuantitativos:** miden datos numéricos o porcentajes que reflejan la situación de las mujeres en comparación con los hombres. Por ejemplo, porcentaje de mujeres en consejos de administración, número de alcaldesas frente a alcaldes, proporción de mujeres en puestos directivos.
- **Indicadores cualitativos:** aportan información sobre la calidad de la participación y las condiciones en las que se desarrolla. Evalúan percepciones, actitudes, barreras culturales o efectividad de políticas. Por ejemplo, grado de satisfacción de las mujeres que participan en espacios de decisión, percepción de igualdad de trato en procesos de promoción interna.
- **Indicadores compuestos:** combinan datos cuantitativos y cualitativos para ofrecer una visión más completa e integral. Por ejemplo, el Índice de Igualdad de Género (EIGE) en la Unión Europea combina datos sobre

empleo, poder político, educación y otros ámbitos para dar una puntuación global de la igualdad.

Estos indicadores permiten no solo conocer la situación actual, sino también detectar desigualdades, analizar tendencias y evaluar el impacto de las medidas de igualdad implementadas.

7.2. Métodos de evaluación e impacto en políticas de igualdad

Una vez conocemos qué son los indicadores, es muy importante trabajarlos desde la perspectiva de género, porque, para garantizar que las políticas de igualdad no se queden solo en declaraciones formales, se deben evaluar desde un enfoque de género para conocer el impacto real en la vida de mujeres y hombres. El objetivo de la evaluación es conocer si las medidas han sido efectivas, detectar posibles nuevas necesidades y proponer mejoras para seguir avanzando hacia la igualdad efectiva.

Los principales métodos son:

- **Evaluación de impacto de género *ex ante:*** se realiza antes de aplicar una política o programa, para prever sus efectos diferenciados en mujeres y hombres. Por ejemplo, la Comunidad Valenciana aplicó este análisis antes de reformar la Ley de Función Pública, anticipando desigualdades en el acceso a puestos directivos.
- **Evaluación de impacto de género *ex post:*** tiene lugar una vez implementadas las medidas, comparando los resultados con los objetivos iniciales. Un ejemplo es la evaluación del Plan Estratégico de Igualdad de Oportunidades 2014-2016, que evidenció avances en conciliación, aunque persistía la brecha salarial.
- **Evaluación continua o de proceso:** permite hacer seguimiento durante la aplicación de una política, ajustando las acciones según los resultados. Así ocurre con el programa estatal "Corresponsables", que revisa periódicamente su impacto en conciliación y reparto de tareas.
- **Auditorías de género:** son revisiones sistemáticas de políticas o presupuestos para detectar brechas e introducir mejoras. El Ayuntamiento de Barcelona, por ejemplo, incorporó auditorías de género en su presupuesto municipal, reorientando partidas hacia los cuidados y los servicios sociales.
- **Indicadores de impacto social:** miden cambios culturales y sociales, como la corresponsabilidad o la percepción de igualdad. Pueden observarse en el aumento de hombres que utilizan permisos parentales o en encuestas que reflejan una mayor aceptación del liderazgo femenino.

En definitiva, la evaluación del impacto de género no solo mide resultados, sino que garantiza que las políticas públicas y empresariales contribuyan a reducir desigualdades estructurales y promuevan una participación equilibrada de mujeres y hombres.

 EJEMPLO

La Ley Orgánica 3/2007 para la igualdad efectiva de mujeres y hombres introdujo la obligación de aplicar la evaluación de impacto de género en toda la normativa y políticas públicas. Gracias a esta medida, cada proyecto de ley o plan debe incluir un análisis que evalúe cómo afecta de forma diferenciada a mujeres y hombres.

Por ejemplo, el Ministerio de Igualdad publicó un informe sobre el impacto de género de los presupuestos generales del Estado, que mostró como determinadas partidas, cómo las destinadas a políticas activas de empleo o cuidados, tienen un efecto directo en la reducción de desigualdades. Estas evaluaciones ayudan a mostrar que el gasto público no es neutro, sino que puede reforzar o reducir las brechas de género.

 ACTIVIDAD 5

En una organización se está evaluando la participación de las mujeres en los espacios de toma de decisiones. Tras analizar la estructura interna, se han identificado varias medidas para mejorar la igualdad. Señala cuál de las siguientes no contribuye a reforzar la participación de las mujeres en los órganos de decisión.

a. Establecer criterios de representación equilibrada en comités y espacios de planificación estratégica.
b. Mantener la toma de decisiones estratégicas en un grupo reducido formado mayoritariamente por hombres "por su mayor experiencia".
c. Crear espacios de formación en liderazgo para mujeres que deseen asumir responsabilidades de coordinación.
d. Revisar los procesos de selección y promoción interna para eliminar sesgos de género que limiten el acceso de mujeres a puestos directivos.

8. Resumen

La perspectiva de género es una herramienta clave para comprender las desigualdades estructurales entre mujeres y hombres, y promover la igualdad efectiva en todos los ámbitos de la sociedad. Su aplicación en las políticas públicas y privadas permite diseñar medidas más justas e inclusivas, incorporando las distintas realidades y necesidades de la población.

Para conseguir un cambio social y organizacional, debe trabajarse desde esa perspectiva de género, para identificar barreras invisibles y fomentar la corresponsabilidad, las buenas prácticas y la participación activa de las mujeres en la toma de decisiones.

Así, los aspectos más representativos de este proceso se resumen en los siguientes elementos clave:

Obstáculos invisibles: siguen condicionando el acceso de las mujeres a los espacios de liderazgo y poder.	**Buenas prácticas:** las organizaciones y entidades van incorporando políticas que promueven la igualdad real.	**Corresponsabilidad:** implica el reparto justo y equitativo del tiempo y las responsabilidades domésticas y de cuidados.

Por otro lado, el *mainstreaming* **de género,** o transversalización, implica integrar la igualdad en todas las fases de la acción pública y organizacional garantizando que las decisiones promuevan la equidad real.

Asimismo, la sensibilización y la evaluación resultan fundamentales para garantizar la eficacia de las políticas de igualdad y consolidar una transformación social duradera.

Los siguientes elementos reflejan cómo se promueve y mide este compromiso con la igualdad:

Sensibilización: fomenta actitudes igualitarias y elimina estereotipos.	**Indicadores de género:** permiten medir el impacto de las acciones y detectar áreas de mejora.	**Evaluación:** asegura que las políticas y programas sean eficaces, sostenibles y ajustados a la realidad.

La igualdad real y efectiva solo puede alcanzarse combinando el compromiso institucional, la implicación ciudadana y la integración transversal de la perspectiva de género en todas las políticas y ámbitos de actuación.

Ejercicios de autoevaluación
Unidad de Aprendizaje 2

1. ¿Qué programa está orientado a fomentar el liderazgo de mujeres en puestos directivos en España?

   a. Red DIE
   b. Talentia 360
   c. ONU Mujeres
   d. Cambiemos las Reglas

2. Determina si la siguiente afirmación es verdadera o falsa:

   El *mainstreaming* de género implica analizar los impactos diferenciados de las políticas en mujeres y hombres antes de su implementación.

   ■ Verdadero
   ■ Falso

3. ¿Cuál de las siguientes medidas es un ejemplo de buena práctica empresarial en igualdad?

   a. Uso de lenguaje neutro en manuales técnicos.
   b. Creación de planes de igualdad.
   c. Aumento de horas extraordinarias para toda la plantilla.
   d. Supresión de permisos de paternidad.

4. Determina si la siguiente afirmación es verdadera o falsa:

   El uso de campañas en redes sociales es una herramienta clave para visibilizar la corresponsabilidad y el liderazgo femenino.

   ■ Verdadero
   ■ Falso

5. ¿Cuál de las siguientes opciones corresponde a un principio básico
del *mainstreaming* de género?

    a. Neutralidad de género
    b. Transversalidad en todas las políticas
    c. Reducción de costes en las intervenciones
    d. Flexibilidad en horarios laborales

6. Determina si la siguiente afirmación es verdadera o falsa:

La perspectiva de género en la toma de decisiones busca únicamente
aumentar la presencia numérica de mujeres en espacios de poder.

    ■ Verdadero
    ■ Falso

7. ¿Qué expresión describe mejor el concepto de "techo de cristal"?

    a. Obstáculos visibles en el acceso a la educación.
    b. Barreras invisibles que dificultan la promoción de las mujeres
       en puestos de liderazgo.
    c. Segregación ocupacional en sectores feminizados.
    d. Estereotipos que asignan tareas domésticas a las mujeres.

8. Determina si la siguiente afirmación es verdadera o falsa:

La corresponsabilidad en el hogar se limita a repartir las tareas domésticas y de cuidado, sin incluir la planificación ni la organización de estas.

    ■ Verdadero
    ■ Falso

9. ¿Cuál de los siguientes es un método de evaluación de impacto en
políticas de igualdad?

    a. Diagnóstico de necesidades
    b. Evaluación de impacto de género
    c. Planificación estratégica sin perspectiva de género
    d. Observación no estructurada

10. Determina si la siguiente afirmación es verdadera o falsa:

Los indicadores de género permiten medir desigualdades y evaluar el impacto de las políticas públicas en mujeres y hombres.

- Verdadero
- Falso

Glosario

Acción positiva
Medida temporal que busca compensar desigualdades entre mujeres y hombres mediante ventajas específicas para las mujeres, hasta alcanzar la igualdad real.

Acciones de sensibilización
Actividades diseñadas para generar conciencia y promover cambios de actitud frente a las desigualdades de género en distintos sectores de la sociedad.

Brecha salarial
Diferencia promedio en las retribuciones entre mujeres y hombres, debida a factores como la segregación ocupacional, los techos de cristal y la infravaloración de trabajos feminizados.

Buenas prácticas en igualdad
Conjunto de experiencias exitosas que han demostrado ser eficaces para eliminar desigualdades y que pueden replicarse en otros contextos.

Conciliación
Equilibrio entre vida personal, familiar y laboral.

Corresponsabilidad
Reparto equilibrado y equitativos de las responsabilidades domésticas, de cuidados y laborales entre mujeres, hombres, instituciones y empresas.

División sexual del trabajo
Reparto tradicional de tareas según el sexo: los hombres en la producción remunerada y las mujeres en la reproducción y cuidados.

Empoderamiento de las mujeres
Proceso personal y colectivo mediante el cual las mujeres adquieren mayor autonomía, autoestima y poder de decisión en todos los ámbitos de la vida.

Esfera privada
Ámbito de lo doméstico y los cuidados, históricamente asignado a las mujeres.

Esfera pública
Ámbito laboral, político, social y económico, tradicionalmente ocupado por los hombres.

Estereotipos de género
Ideas simplificadas y asumidas socialmente sobre cómo deben ser mujeres y hombres.

Interseccionalidad
Enfoque que analiza cómo se cruzan distintas formas de discriminación y opresión (sexo, etnia, clase, orientación sexual, edad, diversidad funcional, etc.).

Lenguaje inclusivo
Uso de expresiones y recursos lingüísticos que visibilizan a mujeres y hombres, evitando el masculino genérico y los términos sexistas.

Mainstreaming de género (transversalidad de género)
Estrategia que incorpora la perspectiva de género en todas las políticas, programas y acciones, en lugar de tratar la igualdad como un tema aislado.

Micromachismos
Prácticas sutiles y cotidianas de discriminación de género que refuerzan la desigualdad.

Obstáculos invisibles
Barreras difíciles de detectar que limitan la igualdad, como estereotipos, sesgos o expectativas de género.

Obstáculos visibles
Barreras fácilmente identificables, como la brecha salarial o la falta de mujeres en puestos de liderazgo.

Participación equilibrada
Presencia equitativa de mujeres y hombres en los espacios de decisión política, económica y social.

Perspectiva de género
Enfoque que analiza las diferencias y desigualdades entre mujeres y hombres para diseñar medidas que promuevan la igualdad.

Planes de igualdad
Conjunto ordenado de medidas adoptadas por empresas y Administraciones para garantizar la igualdad de trato y oportunidades entre mujeres y hombres.

Protocolos frente al acoso sexual y por razón de sexo
Instrumentos que establecen medidas de prevención, detección y actuación frente a situaciones de acoso en el ámbito laboral o institucional.

Roles de género
Conjunto de normas sociales que determinan los comportamientos y funciones asignados a mujeres y hombres.

Segregación ocupacional
Distribución desigual de mujeres y hombres en el mercado de trabajo. Puede ser horizontal (concentración en sectores feminizados o masculinizados) o vertical (dificultad de las mujeres para ascender y promocionar).

Socialización de género
Proceso de aprendizaje de roles y estereotipos de género desde la infancia a través de la familia, escuela, medios de comunicación y cultura.

Techo de cristal
Barreras invisibles que impiden a las mujeres acceder a puestos de responsabilidad y liderazgo, pese a tener la formación y capacidad necesarias.

Violencia de género
Violencia ejercida contra las mujeres por el hecho de serlo, que constituye una grave vulneración de los derechos humanos. En el caso de España, según la Ley 1/2004, se entiende la violencia ejercida en el marco de la pareja.

Bibliografía

Monografías

→ ARCE, J.: *Discriminación y desigualdad: claves para su comprensión en el contexto social actual.* Madrid: Editorial Síntesis, 2020.

> Artículo sobre los mecanismos sociales de discriminación, de la que se extraen elementos conceptuales clave trabajados en la unidad.

Textos electrónicos e informes

→ Guía de buenas prácticas "Medidas más eficaces para la igualdad de oportunidades entre mujeres y hombres". Ministerio de Igualdad, de: <https://www.igualdadenlaempresa.es/recursos/monograficos/docs/BBPP_mejores_medidas_para_igualdad.pdf>.

> Recurso práctico con ejemplos de medidas de igualdad en organizaciones, útil para el apartado de planes de igualdad y buenas prácticas.

→ Bases por los cuidados. Ministerio de Igualdad, de: <https://www.inmujeres.gob.es/areasTematicas/IgualdadEmpresas/docs/DocumentoBasesCuidados.pdf>.

> Documento estratégico que analiza la organización social de los cuidados y propone medidas de corresponsabilidad, central en el análisis de obstáculos invisibles.

→ Indicadores de género: Guía práctica para su elaboración y aplicación en proyectos, de: <https://www.navarra.es/nr/rdonlyres/8346e44f-1c60-4850-aac8-7934034ab5c6/97910/indicadoresgenero2.pdf>.

> Guía del Instituto Navarro para la Igualdad donde se trabajan los distintos indicadores de género para que puedan usarse en la elaboración y aplicación de proyectos.

→ Manual para facilitadores de auditorías de género. Metodología para las auditorías participativas de género de la OIT. Oficina Internacional del Trabajo, de: <https://www.oitcinterfor.org/sites/default/files/auditorias_particp.pdf>.

> Guía técnica que explica cómo aplicar herramientas de diagnóstico en organizaciones desde la perspectiva de género.

→ ONU Mujeres, de: <https://www.unwomen.org/es>.

> Plataforma donde se pueden encontrar un gran número de recursos acerca del empoderamiento de las mujeres, así como informes anuales sobre desigualdades a nivel internacional.

Legislación

→ Agenda 2030 - Objetivos de Desarrollo Sostenible (ODS), Objetivo 5: Igualdad de género. Naciones Unidas (2015).

> Marco internacional que impulsa la igualdad como meta prioritaria y transversal a todas las políticas de desarrollo sostenible.

→ Ley Orgánica 3/2007, de 22 de marzo, para la igualdad efectiva de mujeres y hombres.

> Norma marco en España que establece los principios de igualdad de trato y de oportunidades, así como la obligación de los planes de igualdad en empresas.

→ Ley Orgánica 1/2004, de 28 de diciembre, de medidas de protección integral contra la violencia de género.

> Establece un marco integral de prevención, protección y sanción en materia de violencia de género.

→ Real Decreto-Ley 6/2019, de 1 de marzo, de medidas urgentes para garantía de la igualdad de trato y de oportunidades entre mujeres y hombres en el empleo y la ocupación.

> Norma que refuerza la corresponsabilidad y la igualdad retributiva, clave para comprender medidas de conciliación y planes de igualdad.

→ Tratado de Ámsterdam (1997).

> Documento europeo que introduce formalmente la transversalidad de género en las políticas de la Unión Europea.